RODAPÉS PSICODRAMÁTICOS

Dados Internacionais de Catalogação na Publicação (CIP)
(Câmara Brasileira do Livro, SP, Brasil)

Almeida, Wilson Castello de
Rodapés psicodramáticos : subsídios para ampliar a leitura de J. L. Moreno / Wilson Castello de Almeida. – São Paulo : Ágora, 2012.

Bibliografia.
ISBN 978-85-7183-098-1

1. Moreno, Jacob Levy, 1889-1974 2. Psicodrama I. Título.

12-03692 CDD-616.89

Índice para catálogo sistemático:

1. Psicodrama : Psiquiatria : Medicina 616.89

WILSON CASTELLO DE ALMEIDA

RODAPÉS PSICODRAMÁTICOS

Subsídios para ampliar a leitura de J. L. Moreno

Editora executiva: **Soraia Bini Cury**
Editora assistente: **Salete Del Guerra**
Coordenação editorial: **Betina Leme**
Capa: **Buono Disegno**
Imagem de capa: **Elnur/Shutterstock**
Projeto gráfico: **Alberto Mateus**
Diagramação: **Crayon Editorial**
Impressão: **Sumago Gráfica Editorial**

Editora Ágora
Departamento editorial
Rua Itapicuru, 613 – 7º andar
05006-000 – São Paulo – SP
Fone: (11) 3872-3322
Fax: (11) 3872-7476
http://www.agora.com.br
e-mail: agora@agora.com.br

Atendimento ao consumidor
Summus Editorial
Fone: (11) 3865-9890

Vendas por atacado:
Fone: (11) 3873-8638
Fax: (11) 3873-7085
e-mail: vendas@summus.com.br

Impresso no Brasil

SUMÁRIO

Prefácio 7

Apresentação – Rodapés. O que é isso? 13

1 Anotações sobre a sexualidade humana 17

2 Psicodrama: paradigma para grupos 69

3 Dados para a compreensão da axiologia e do axiodrama 81

4 A lenda de Prometeu – Emblema psicodramático 93

5 A ironia moreniana 99

6 O sobrenome Moreno 105

7 O inconsciente no psicodrama 111

8 *Acting out & acting out* 121

9 O protocolo da carta forjada as três éticas 127

10 A catarse de integração 139

11 Subsídios para a leitura de alguns textos de J. L. Moreno 165

12 Religião e psicodrama: ruptura necessária 177

13 O silêncio no diálogo terapêutico 185

14 Depoimento sobre psicodrama público no Centro Cultural São Paulo 205

Referências bibliográficas 217

PREFÁCIO

Estar à altura do conteúdo de seus textos, da amizade que nos acompanha e da honraria por ter sido escolhido, essa é a grande responsabilidade em prefaciar este livro.

Conheci Wilson no dia em que iniciamos nossa formação em psicodrama na Sociedade de Psicodrama de São Paulo (SOPSP). Eu chegando à frente da casa onde ocorreria nossa primeira aula, ele se aproximando e indagando se eu seria um dos colegas de curso. Simpático, acolhedor, curioso, conversador, carismático. Esse é Wilson, o autor. Aproximar-se do que lhe desperta curiosidade, chegar mais perto daquilo que quer melhor conhecer, integrar-se são características pessoais desse mineiro de Ouro Fino, médico psiquiatra, terapeuta, professor, escritor, figura cativa do movimento psicodramático.

Assim começou nossa trajetória de colegas, amigos, psicodramatistas. São muitos anos de convivência: no curso, em congressos, em eventos no Instituto de Psicodrama e Psicoterapia de Grupo de Campinas (IPPGC) e também em um grupo de colegas/amigos que se reunia para trocar reflexões teórico-práticas, em que o mais significativo sempre foi o "encontro moreniano".

Todos reconhecem a importância de Wilson Castello de Almeida no movimento psicodramático brasileiro. *Psicoterapia aberta*, de sua autoria, um dos primeiros livros de psicodrama escritos por brasileiros, ampliado e republicado recentemente, é bibliografia indispensável nos cursos de formação das associadas da Federação Brasileira de Psicodrama (Febrap).

Sempre incentivando colegas a pensar e escrever sobre psicodrama, teve participação fundamental por dez anos na coordenação da *Revista Brasileira de Psicodrama*. Figura imprescindível nos eventos científicos do psicodrama, produziu vários textos que, por ainda não terem sido publicados ou por figurarem em periódicos já difíceis de encontrar, mereciam fazer parte deste novo livro: *Rodapés psicodramáticos: subsídios para ampliar a leitura de J. L. Moreno.*

Ao ser convidado para prefaciá-lo, esse título logo me chamou a atenção. Notas de rodapé são aquelas que oferecem esclarecimentos adicionais, mas, por não se adequarem ao corpo do texto, merecem apenas um pequeno espaço no fim da página. Nós que conhecemos Wilson podemos imaginá-lo ao fazer suas leituras, despertado em seu *ethos* de investigador, pesquisador, estimulado por sua natureza curiosa, levado a debruçar-se sobre vários outros livros, outras fontes a satisfazer sua sede de saber e sua vocação de mestre que quer aprender e ensinar. Toda essa busca ele agora nos oferece, compartilhando sua sabedoria com todos que desejamos complementar o aprendizado da obra moreniana.

Rodapé também é o que delimita a transição entre piso e paredes de um cômodo. Podemos pensar que a teoria/prática socionômica, que vem sendo construída ao longo dos tempos morenianos e pós-morenianos, é um edifício com vários cômodos e andares a alojar os conhecimentos e as experiências que cada vez mais se ampliam. Paredes erguidas, transparentes, possibilitando a interação do que está dentro e do que está fora. Porque o psicodrama se propõe a ser um método aberto, dinâmico, nunca fechado, nunca acabado. Mas diante de tanta transparência é preciso reconhecer seus limites, seu piso, seu chão. Sua conserva, base estrutural para o novo que se apresenta e se constrói. Precisamos de rodapé.

Este é o livro de Wilson Castello de Almeida. Rodapé como complemento, rodapé como demarcação das essenciais fundamentações.

O autor nos mostra bem sua intenção ao escrever, no capítulo "Subsídios para a leitura de alguns textos de J. L. Moreno": "O professor é aquele capaz de ensinar com prazer aquilo que até então não sabia, podendo compartilhar jubilosamente as descobertas da pesquisa".

Na leitura de todo o livro, sentimo-nos levados a excursionar por outros saberes, a conhecer velhos e novos vizinhos com quem podemos interagir e dialogar sem perder nossa identidade – pelo contrário, passamos a saber melhor onde é nossa residência, a sair sem nos desorientarmos. O psicodrama propõe a inter-relação, a interação, a vida grupal, a sociometria, e essa é a tarefa de Wilson ao nos apresentar vários pensadores – filósofos, psicólogos, médicos, sociólogos –, outras teorias, outras "escolas": a abertura para o ser espontâneo-criativo.

Os apontamentos a seguir, que não foram fáceis de fazer – pela riqueza de informações e citações trazidas pelo autor e pelo risco de ser reducionista –, visam apenas sugerir que os leitores também se façam curiosos e desfrutem dos novos conhecimentos.

No capítulo já citado anteriormente, o autor nos dá um exemplo de seu costumeiro interesse em conhecer o desconhecido, em buscar a fonte das citações encontradas nos textos de Moreno. Esclarece-nos os significados das expressões "*deus ex machina*", "*dramatis personae*" e "*sub specie momenti*", conta-nos sobre o mito de Siegfried e quem foi o poeta e jornalista Walt Whitman.

Ao longo de todo o livro, é só nos deixarmos levar, como numa viagem turística, tendo Wilson Castello como guia. Em "A lenda de Prometeu – Emblema psicodramático", vamos rever o titã que confronta os deuses, toma-lhes o fogo, distribui luz para a humanidade e possibilita sua capacidade criativa. Para Moreno, seria o ícone da revolução criadora.

Ao adotar "O sobrenome Moreno", o que teria levado Jacob Levy a se apropriar do nome de seu pai? Várias especulações poderão ser feitas ao conhecermos sua vida familiar e a importância do nome na tradição judaica. Cultura milenar a influenciar Moreno que, integrando a ironia socrática ao humor judaico, constituirá "A ironia moreniana", coerência comum a várias manifestações mal compreendidas do criador do psicodrama.

Em "Religião e psicodrama: ruptura necessária", observaremos Moreno – que ora se identifica com o Jesus profeta, ora com o Cristo salvador – incorporando as mudanças histórico-culturais que o levaram da "religião do encontro" à sociometria e à psicoterapia de grupo. Duas importantes mudanças apresentadas à comunidade científica, tendo como objeto de estudo as relações interpessoais, valorizando as escolhas nas grupalizações, contando com novas estratégias e técnicas de intervenção e uma teoria fundamentada, possibilitam a afirmação: "Psicodrama: paradigma para grupos". O autor discorrerá, com propriedade, sobre os quesitos preenchidos para enquadrar o psicodrama como uma ciência paradigmática.

Colocando-nos no âmbito clínico das patologias do cotidiano e das atuações neuróticas, reativas e psicopáticas, torna-se imprescindível que tenhamos "Dados para a compreensão da axiologia e do axiodrama". Verificaremos, também, em "O protocolo da carta forjada – As três éticas", que os preceitos da ética médica judaica e uma série de outros arrazoados poderão ser utilizados na avaliação das acusações feitas à terapia adotada no "caso Marie".

Continuando esse passeio, temos "O inconsciente no psicodrama". Aí, Wilson, fazendo uso de uma ironia provocante, pergunta: "Esse inconsciente existe mesmo?" Ao nos apresentar uma galeria de pensadores sobre o tema, alerta sobre as diferenças entre psicanálise e psicodrama, entre interpretar e dramatizar. Realça que no "[...] contexto do grupo psicodramático, [...] com a liberação da espontaneidade-criatividade, muitas formas de inconsciente poderão vir à luz".

A exteriorização do que se fazia secreto terá no *acting out* sua forma possível de explicitação. "*Acting out* e *acting out*" repassa a história do uso desse termo, e somos lembrados que no psicodrama o *acting out* acontece no contexto dramático, por meio do desempenho de papéis denominado terapêutico, diferenciando-se do chamado irracional ou do *agieren* freudiano. Essa vivência dramática de exteriorização do afetivo-emocional, despertada pelos movimentos coinconscientes, levará à catarse de integração, um dos objetivos da sessão psicodramática.

Adentrando a prática psicoterápica, o autor contribui com exemplos tirados de sua experiência clínica. Em "Anotações sobre a sexualidade humana", aborda vários temas atuais que estão a exigir novas reflexões e posicionamentos. São suas estas palavras:

> No consultório, permito-me aceitar e acolher o que é posto pela natureza e pela condição humana, sem intenção de promover curas, e sim dar ao paciente a oportunidade de conhecer sua eroticidade peculiar, o contexto de sua subjetividade e a inserção necessária e possível no mundo social, sem adoecimento.

Em outro capítulo, leva-nos para o campo dos atendimentos em psicoterapia individual, cujo transcorrer "O silêncio no diálogo terapêutico", entre outros acontecimentos, costuma obstruir. Wilson, convencido de que o psicodrama tem sua aplicação maior em contextos grupais, e fundamentado na fenomenologia existencial, utiliza-se do *diálogo terapêutico* como seu método de preferência na terapia bipessoal. O que desencadeia o silêncio, quais as justificativas, hipóteses e estratégias para a retomada do diálogo?

Para finalizar, teremos seu "Depoimento sobre psicodrama público no Centro Cultural São Paulo", no qual o autor, além das descrições processuais, destacará o grande prazer em retomar seu papel de diretor psicodramático de grande grupo.

Um percurso didático a refletir a singularidade desse livro, em que pensadores, seus nomes e suas ideias vão surgindo naturalmente no desenrolar dos capítulos, constituindo um todo que nos envolve e desperta a vontade de saber mais. Em todos os capítulos há a preocupação em recuperar e consolidar conceitos psicodramáticos apresentando-nos outros olhares, diferentes posicionamentos, clarificando, questionando ou elucidando, dissolvendo mal-entendidos, possibilitando congruências, evidenciando diferenças. O autor, conduzindo-se como um verdadeiro ego-auxiliar, adverte-nos: "Qualquer contribuição que possamos dar à teoria do psicodrama deve nos remeter à intenção original da definição de cada termo, nunca desvirtuando ou distorcendo o conceito formado em sua gênese histórica". Seus escritos trazem como objetivo maior situar o psicodrama como um conjunto coerente em sua filosofia, dinâmico em sua teoria e prática, tendo uma identidade definida que lhe permita interagir no universo das ciências humanas.

Rodapés psicodramáticos, livro de Wilson Castello de Almeida, nos chega como confirmação da maturidade do psicodrama, uma construção já de muitos andares, com piso firme e paredes transparentes; visual aberto para que apreciemos e sejamos apreciados pelo mundo que nos circunda. Assim se faz a inter-relação, a saúde da ciência.

Parabéns, Wilson. Grato pelo convite. Obrigado pelo livro – obrigatório em nossas bibliotecas.

Luís Falivene Alves
Psiquiatra e psicodramatista

APRESENTAÇÃO

RODAPÉS. O QUE É ISSO?

O rodapé, todos sabemos, é uma barra de madeira ou cimento colocada na junção da parede com o piso, dando-lhes acabamento e proteção. Quando jornais, revistas e livros passaram a fazer adendos de corpo menor ao pé da página para explicar ou complementar o texto principal, chamou-se esse recurso gráfico de rodapé.

No século XIX, os jornais, principalmente os do Rio de Janeiro, adotaram rodapés semanais para abrigar integralmente enxertos da crítica literária, com plena aceitação de seus leitores, tornando-se motivo de inúmeras discussões acadêmicas posteriores.

Estudiosos da filosofia afirmam, com certa graça, que essa matéria do conhecimento tomou corpo a partir de uma sucessão de notas de rodapé feitas na obra de Platão. Naturalmente, rodapé aqui ganha valor de metáfora, para identificar tudo o que se escreveu com inspiração nas ideias do filósofo – que, por sua vez, faria "rodapés" nos ensinamentos oráticos de Sócrates.

Na literatura psicanalítica, os rodapés mais famosos foram os acoplados por Freud em seus livros canônicos, particularmente em *Três ensaios sobre a teoria da sexualidade*. A primeira edição, de 1904, foi seguida de oito edições subsequentes até 1923. A cada publicação, o autor produzia notas de esclarecimento objetivando tornar o primeiro escrito o mais claro possível. Com esses rodapés, ele viria a estabelecer a mais revolucionária teoria sobre a sexualidade humana.

Walt Whitman – chamado de poeta maldito e citado com admiração por J. L. Moreno – escreveu um único livro na vida (*Folhas de relva*), que teve sete edições entre 1855 e 1891. A originalidade desse esforço intelectual está nas inserções de novos poemas ao surgimento de cada edição. Os temas percorriam vasto campo de reflexão. Sobre o povo e a democracia, a sexualidade e a amorosidade e, também, sobre um fundo sentimento de ligação com a natureza. Seriam verdadeiros rodapés conclusivos da obra.

Nessa sequência exemplar de rodapés, trago um entendimento pessoal sobre a festejada obra de Fernando Pessoa *Livro do desassossego*, tarefa "inacabada e inacabável".

Tratar-se-ia de um não livro, com surpreendentes impressões existenciais, excitantes crenças da vida subjetiva do autor e especulações filosóficas para levar o leitor a pensar. E mais: considerações de ordem estética, anotações sociológicas, crítica literária e aforismos de autores criados pela mente do escritor. O texto maior compõe-se de segmentos, tudo na forma a lembrar rodapés. Então, permiti-me uma frase inspirada: Os pedaços literários de Fernando Pessoa são os rodapés de sua alma.

Escrevi tudo isso para afirmar, de maneira prosaica, que o que venho publicando, com base em minhas leituras de J. L. Moreno, são nada mais nada menos do que rodapés. Quando me dei conta desse fato, entusiasmei-me a entregar à Editora Ágora o que vai neste livro. Das anotações sobre sexualidade, o primeiro capítulo, ao depoimento sobre o psicodrama público, o último, tudo foi inspirado nos conteúdos e também nas faltas da literatura beaconiana.

Nunca aceitei as críticas desarrazoadas vindas de alguns setores do próprio psicodrama, numa evidente má vontade com as ideias originais de Moreno, todas elas possibilitadoras de inovações no padrão até então usado para o estudo da dinâmica grupal. Ao procurar uma formação psicanalítica, senti que hoje posso afirmar com serenidade o óbvio: "Psicodrama é psicodrama e psicanálise é psicanálise". Críticas de frágil teor comparativo passaram a não fazer sentido epistemológico para mim. Quero reforçar o time dos que entendem o psicodrama como método de grupo, com o grupo e pelo grupo.

Agradeço à competente editora executiva, Soraia Bini Cury, não só pela simpática acolhida do meu projeto, mas, outrossim, pela marcada e produtiva cobrança de seu desiderato. E também não posso esquecer de Betina Leme, pela primorosa preparação dos originais, numa interlocução instigante e inteligente. Ao conterrâneo e amigo prof. José Fernando Honorato, pela ajuda e presteza de sempre.

Registro a gratidão para com todos os colegas e amigos do movimento psicodramático brasileiro, pelo apoio sempre oferecido à minha pessoa, permitindo-me a entrada profissional e intelectual na vida de São Paulo deste cidadão.

Agradeço ao Luís Falivene o prefácio. Convidei-o por ser expressão reconhecida do psicodrama, um dos líderes da Escola de Campinas, colega solidário e afetuoso amigo.

Wilson Castello de Almeida
Psicoterapeuta com formação em psiquiatria,
psicodrama e psicanálise

Agradeço à competente editora executiva, [illegible], não só pela simpática acolhida a meu projeto, mas, sobretudo, pela [illegible] e paciência [illegible]. Também não posso esquecer [illegible], pela [illegible] numa [illegible] e [illegible] prof. [illegible] Fernando [illegible] de sempre.

Registro a [illegible] com todos os colegas [illegible], pelo apoio, sempre [illegible] a [illegible] profissional e [illegible] desta [illegible].

[illegible]

1
ANOTAÇÕES SOBRE A SEXUALIDADE HUMANA

> O preparo para a atividade analítica de modo algum é fácil e simples. Deve exigir, no seu ensino, o máximo possível de ciência da vida sexual.
>
> SIGMUND FREUD, *A questão da análise leiga*, 1926

J. L. Moreno é tido como autor de uma teoria assexuada. Nada mais falso. As escolhas sociométricas estão plenas de sexualidade – especificamente de eroticidade –, ainda quando o critério do teste sociométrico não seja o estudo dessa proposição em si.

José Fonseca, em seu livro *Psicoterapia da relação* (2000), desenvolve com clareza dois excelentes capítulos – "A sexualidade como instrumento relacional" e "Sociometria sexual" –, seguindo as proposições de Moreno atinentes às possibilidades do relacionamento interpessoal: atração, rejeição e neutralidade. E faz proverbial confirmação: "A atração sexual é um componente intrínseco do ser humano. Basta existir pessoas reunidas para ela surgir: na sala de aula, no metrô, na igreja ou no grupo terapêutico".

Ronaldo Pamplona da Costa, com base em suas experiências de psiquiatria e psicodrama, no livro *Os onze sexos* (1994), traz ao conhecimento do leitor a existência de inúmeras versões da sexualidade humana. São quadros descritivos, com referências da biologia, da psicanálise e da antropologia cultural, coroados com o registro sobre direitos políticos desses agrupamentos, na perspectiva do psicodramatista.

Pierre Weil, precursor do psicodrama no Brasil, chama a atenção, no livro *Mística do sexo* (1976), para o fato de que a natureza erótica humana, sua estrutura psicofisiológica e a energia libidinal são universais, presentes em homens e mulheres de todos os continentes, de todas as raças e etnias, valendo para qualquer condição socioeconômica. E vai além, fazendo provocações: a sexualidade não é diferente entre católicos, protestantes, judeus, maometanos, budistas e seguidores de outras crenças.

Com base nessas evidências, permiti-me escrever as anotações que passo ao leitor.

Em virtude da extensão e da complexidade da matéria, montei o escrito com divisões didáticas, com a finalidade de informar, esclarecer e dar subsídios para reflexão àqueles que se iniciam nesse estudo. O leitor benevolente unirá as peças do quebra-cabeça, dando uniformidade à temática. Desejo-lhe sucesso nesta leitura.

INTRODUÇÃO

A evolução sexual deu-se, num primeiro momento, nos primórdios da humanidade, em passos cadenciados. Entre o final do século XIX e o início do século XX, recebeu impacto de tal ordem e com tal velocidade que o entendimento do que acontecia foi colocado em risco; verdadeira revolução dos costumes.

Freud abrira a caixa de Pandora, não se comprometendo a apresentar soluções. À medicina só restou tratar das disfunções psíquicas e das angústias egodistônicas causadas pelo furor da ruptura moral e comportamental da sociedade, continuamente esgarçada em seu tecido de sustentação.

Fora o pouco espaço deixado para as intervenções da psiquiatria, da psicanálise e do psicodrama, a questão sexual tornou-se responsabilidade política e ética da estrutura social. Nessa perspectiva, a leitura obrigatória é a obra de Michel Foucault[1] (1977-1984) sobre o tema.

1 O filósofo espanhol José Antonio Marina (2008, p. 38) quebra a unanimidade em torno de Foucault, afirmando, entre outras apreciações: "É autor de grande talento mas com pouca clareza conceitual".

Recomendo, também, o excelente livro *Prazeres dissidentes*, organizado por Díaz-Benítez e Figari (2009). Trata-se de uma coletânea atual e reveladora do campo da transgressão e do exercício do proibido na visão de antropólogos, sociólogos e etnólogos brasileiros.

Neste meu texto, o olhar é do médico psiquiatra.

Em Lacan, autor denso, existe o movediço dos conceitos e a polissemia das palavras, induzindo a equívocos e a constantes interrogações. Por isso, filio-me ao Lacan inspirado na fenomenologia existencial, que nos permite reconhecer, na observação diária da clínica e do campo psicoterápico, a singularidade do sujeito. Cada um faz sua sexualidade de forma singular, assim como cada qual faz a neurose, a psicose e a perversão. Sem dúvida, existem inúmeros estudos de psicopatologia, mas nenhum capaz de criar códigos fixos de enquadramento e comportamento dos indivíduos.

No consultório, permito-me aceitar e acolher o que é posto pela natureza e pela condição humanas, sem intenção de promover curas, e sim de dar ao paciente a oportunidade de conhecer sua eroticidade peculiar, o contexto de sua subjetividade e a inserção necessária e possível no mundo social, sem adoecimento.

Quando, certa vez, uma psicóloga anunciou a "cura" da homossexualidade, pareceu-me que ela não entendera o acontecido. De fato, é possível que tenha revertido comportamentos da pseudo-homossexualidade, do falso self. Apenas não teve a compreensão científica do ocorrido, por faltar-lhe lastro ético, permitindo-se contaminar por apelos religiosos e anúncios proféticos.

Refiro-me a esse acontecimento público exatamente para afirmar que a ética necessita da ciência e a ciência necessita da ética para traçar caminhos promissores, espontâneos e criativos como quis Jacob Levy Moreno, o criador do psicodrama.

O SER SEXUAL E O GOZO DE SER

Para as filosofias da existência, o *ser* está condenado (expressão sartriana) a seu destino erógeno, cabendo assumi-lo como ato livre, identicamente à espontaneidade em J. L. Moreno, por sua vez assemelhada à liberdade bergsoniana, a expressão mais original de cada um.

Segundo Jean Wahl (1962), filósofo existencial francês, o que a ética da existência conclama é que nos "decidamos a decidir" diante da situação posta - que é, em outras palavras, o aceitarmo-nos tal como somos. Assim, no campo restrito da sexualidade, não há "opções", tão apregoadas por certo idiomatismo enganoso, pois o apelo sexual instala-se sem pedir licença, a partir do plano inconsciente, numa estrutura complexa da personalidade.

Na seara religiosa, o procedimento da sublimação, pregado e aceito, é atendido pelos crentes à custa de muito empenho e da superação sexual pela fé. Os estudiosos explicam que a rigidez dos ditames religiosos deve-se à busca de estabilidade gregária e coesão moral das comunidades, pois, durante os séculos, o ato libidinoso sempre foi apontado como fator de corrupção pessoal e disrupção coletiva.

Somente ao celibatário seria dada a possibilidade de resguardar sua natureza, como também aos indivíduos atualmente identificados como *no sex*, uma abstinência decidida sem inspiração confessional. Diante das injunções dos dias atuais conclamando ao "goze de todas as maneiras a sua sexualidade", Slavoj Zizek (2003) cita Lacan, para quem a psicanálise diria: "Você não é obrigado a gozar".

A respeito desse intrigante tema, é impressionante a coincidência entre as postulações do Código de Hamurabi, as pregações dos essênios, os preceitos do "Bhagavad Gita" (poema védico), as cartas de São Paulo (o apóstolo dos gentios), o pensamento de Teilhard de Chardin (um padre jesuíta) e as propostas científicas de Freud (um ateu convicto). Todas essas ideias trazem a proposta de uma "economia energética" que possibilite finalidades societárias superiores, relações de puro afeto entre as pessoas e, por isso mesmo, o surgimento da humanização.

Gregos e romanos encararam a sexualidade de forma diferente, verdadeiramente libertária. Para eles, o desejo sexual era um vetor dirigido à beleza física, sem distinção de gênero. Mas nem sempre a beleza física constituía-se em único crédito como força de atração entre as pessoas. Lê-se em *O banquete*, de Platão (séc. IV a.C.), que o nobre, belo e jovem Alcebíades declarara seu amor sensual e apaixonado por Sócrates, um plebeu de mais idade, sem qualidades apolíneas, de fisionomia tosca e feia, porém homem justo e virtuoso, de temperança e sabedoria. Marco da evolução e de mudanças do pensamento humano. Essa passagem histórica leva-nos ao assunto candente do amor de transferência[2], a que Freud chamou "a forma confessada do amor".

Nessa linha, incluem-se os romances entre pessoas de idades díspares, sendo a aproximação entre homens mais velhos e mulheres jovens sempre socialmente aceita, embora com uma ponta de inveja. Nos tempos modernos, as instituições vão se acostumando com a ligação inversa – mulheres mais velhas com jovens rapazes –, sem que se configure um escândalo mórbido. *O tempora, o mores!*

Da comentada opressão da Era Vitoriana, o mais importante é discernir a hipocrisia e o cinismo então vigentes, pois, naquele tempo, todos podiam tudo, desde que tudo fosse feito com discrição e recato. Ainda hoje, a mentalidade fascista (de direita e de esquerda) não dá tréguas à tolerância explícita, exigindo de todos vida sexual comedida, contida pelo labor das atividades diárias – o que Stefan Zweig identificou como "[...] a demoníaca capacidade do homem para o trabalho cotidiano".

No *Dicionário dos inquisidores*, citado por J. P. Winter em seu livro *Os errantes da carne* (2001), há a volúpia de disciplinar o sexo: "Não se deve de modo algum saber mais do que o necessário, não se deve saber demais, não se deve saber aquilo que só a Deus cabe saber: o segredo do desejo."

Colette Soler (1997) denunciou a existência do "sexo maldito", por ocorrer sob a égide do "[...] amor sem modelo, repetitivo e compulsivo", para afirmar com nostálgico desencanto que o amor grego (*phi-*

2 O que no consultório analítico é transferência, no comércio da vida é amor.

lia), o amor místico (divino), o amor louco (surrealista), o amor cortês (medieval), o amor clássico (emotivo) e o amor homossexual (à moda antiga) não mais estariam dando conta da erotização inconsciente reverberada pelos "[...] gozos aprisionados ou perdidos destes novos tempos".

Apesar de todos os avanços das ciências, as várias versões da expressão sexual, de acordo com meu modo de analisar, continuariam ocorrendo dentro de um processo ininteligível, imprevisível e irreversível, criando-se a aura permanente de rébus a ser resolvido, colorindo a vida de tons passionais a que se chama desejo. Pensar sobre o desejo sexual se faz, pois, por um viés distinto daquele da medicina, da religião, da moral, da psicologia, da mitologia e da visão dos ativistas da política sexual, atendo-se a uma direção enigmática. Nas atividades da vida prática, o Estado de Direito é condescendente, e, do ponto de vista legal, o que ocorre entre pessoas aquiescentes, na intimidade do que não é público, é respeitado pelo mundo civil e profano.

Três temas permanecem tabus invioláveis, por constituir o sumo do processo civilizatório: o incesto, a pedofilia e o estupro

Antes da psicanálise, a compreensão da sexualidade foi uma sucessão de ficções e erros de avaliação, o que permitiu a teoria da degenerescência, a ideologização do instinto sexual e toda a gama de preconceitos instalados no cerne do pensamento burguês do século XIX.

De início, na área científica, mesmo Freud não conseguira livrar-se das definições psiquiátricas de seu tempo e deixou-se contaminar pelo imaginário popular, pela moral do senso comum e, provavelmente, pelas convicções religiosas de que sua formação estava sutilmente impregnada.

Posteriormente, a partir de 1904, com os *Três ensaios sobre a teoria da sexualidade* e inúmeros textos subsequentes, até 1938, ele foi o responsável pelas mudanças no modo de pensar sobre a sexualidade, pela ousadia em abrir o tema a uma discussão crível, pertinente e honesta, visto que as ideias de sua lavra invadiram a cultura, abalaram as certezas escolásticas, sacrificaram a inocência e, outrossim, estimularam a ternura e a expansão da civilidade.

Eis algumas de suas formulações que deram novos rumos a essa reflexão: confirmação da sexualidade infantil e da existência e evolução das zonas erógenas na criança, excitáveis também na vida adulta; desenvolvimento dos conceitos de libido, pulsão e desejo, com a fundação da *clínica do desejo,* capaz de superar as normas biológicas e sociais do sexo; reconhecimento de que os hábitos culturais são superiores às determinações da biologia; valorização das fantasias sexuais em múltiplas facetas; entendimento das "perversões" como fenômenos próprios da vida sexual, sem relação obrigatória com a patologia; presença de fetiches (envolvendo pés ou outras partes do corpo); observação de que a pulsão sexual não seria estabelecida sobre a díade macho-fêmea, mas sobre as polarizações atividade-passividade, sujeito-objeto, nas quais o inconsciente desconheceria a divisão anatômica entre os sexos feminino e masculino.

Ao lado de ideias revolucionárias, Freud, nos hábitos pessoais, foi homem puritano. Em 1910, realizou uma conferência sobre disciplina sexual na qual aconselhava os jovens à abstinência pré-matrimonial, donde se pressupõe ter-lhe sido uma regra de vida. Na biografia que escreveu sobre Freud, Peter Gay (1989) apresenta-o como portador de um ideal casto pelo qual recomendava aos homens "um intercurso heterossexual adulto com parceira ternamente amada".

Outrossim, teve a coragem intelectual de, em nome da verdade científica, constatar sua homossexualidade (nos dias atuais, o termo para a relação referida seria homoafetividade), verdadeiro idílio, em relação ao amigo Fliess (Masson, 1986), sublimada na produtiva interlocução epistolar responsável por suas melhores criações profissionais. Aos 45 anos, encerrou a vida sexual de forma irrestrita, e Ernest Jones (1989) justificou "esse precoce declínio sexual como resultado de um horror neurótico da velhice e da morte".

O exato conhecimento da obra de Freud surpreende o leigo quando se lê:

> É a sublimação e não o arrebatamento ou dissipação sexuais que garante os casamentos e, consequentemente, a sociedade que se constrói sobre a estrutura familiar [...] No desenvolvimento da humanidade como um todo, do mesmo modo que nos indivíduos, só o amor atua como fator da civilização, no sentido de ocasionar a modificação do egoísmo em altruísmo. (Freud, 1904/2002)

Uma proposição que, aos jovens de hoje, pode parecer esdrúxula, cabendo ao tempo convencê-los melhor.

Os dados apresentados têm a finalidade de ressaltar o valor histórico dessa publicação de Freud, a mais importante depois de *A interpretação dos sonhos* (1899). Na ocasião de sua publicação, o livro *Três ensaios sobre a teoria da sexualidade* (1904/2002) causou espanto e escândalo com a tese de que o início da sexualidade humana já se encontraria na infância. Ele próprio teve dificuldade em assumir a descoberta: a universalidade da sexualidade infantil como ponto de partida para a sexualidade do adulto em suas várias possibilidades de orientação da libido.

Ainda que nos dias de hoje suas ideias sobre sexo possam parecer ultrapassadas, merecendo correções semânticas, troca de termos envelhecidos e mais precisão conceitual, sua descoberta científica foi pioneira e original. Ponto revolucionário irretorquível ombreando-o com Copérnico, Darwin e Marx.

Mais tarde (1960), Lacan, com a autoridade de quem melhor lera os escritos freudianos, equacionou a ideia de que a sexualidade não depende da anatomia dos gêneros (meros semblantes do objeto *a*) nem do gozo sexual, porém tão somente do *gozo de ser*.

A MODA SEXISTA

Voltemos à atualidade. Os costumes sexuais têm sido explorados exaustivamente pela mídia, ora com expressões estéticas elevadas, ora com humor brejeiro, ora com apresentações esclarecedoras e educativas, ora com exibições apelativas e debochadas. Uma coisa parece certa: viver as ondas da moda sexista não significa certeza de ausência de choques particulares e sociais na área emocional.

Mesmo com as conquistas transgressoras vindas dos anos 1960 e 1970, uma situação permanece: as doenças psíquicas continuam numa rota epidemiológica crescente. O que são as bulimias, as anorexias, a obsessão consumista, a idolatria do corpo, a compulsão à maledicência, as agressividades desarrazoadas e sem limites, o surgimento dos *borderlines*? Nada mais nada menos que manifestações próximas da indomada histeria[3] - neurose básica –, cujo verdadeiro nome é sexo; não o da anatomia, e sim o da realidade psíquica ou do corpo erógeno.

As vitórias da liberação sexual não são garantia de menores males neuróticos para a humanidade e não aplacam as angústias basilares do homem. O ideal reichiano de erradicação da infelicidade pelo exercício amplo do sexo se perde nos arquivos do tempo. Camille Paglia, em seu desabrido livro *Personas sexuais* (1990), não teme a polêmica ao afirmar: "Liberdade sexual, liberação sexual. Uma ilusão moderna. Sempre que se busca ou se alcança a liberdade sexual, o romantismo se torna decadência. Não há sociedade sem interditos sexuais". O interdito estaria no processo civilizatório.

O comportamento sexualista compulsivo das pessoas com transtornos da personalidade (viciadas em sexo), geralmente, é tão desarmônico quanto as desproporções existentes nos planos intrapsíquico e inter-relacional desses padrões erráticos, constituindo um desafio à medicina e à sociedade. Tais pessoas *sofrem e fazem sofrer*.

A clínica lacaniana estabelecera, na ética da psicanálise, o agir conforme o desejo que mora em cada indivíduo: "Não abra mão de ser sujeito, de manter a sua diferença". Contudo, de outro lado, Lacan adverte: "Conhecer a verdade de seu desejo é uma experiência trágica, pessoal e própria do herói". Para os homens comuns, o real (o sexo inefável) seria apenas contatado "pelas bordas", e até as exigências

3 A histeria espelha várias doenças ou está na base de todas as doenças? Ela é a esfinge ainda hoje?

inconscientes seriam da responsabilidade individual e pública de cada um (Lacan, 1970).

A ORIGEM MÍTICA DOS SEXOS

Em seu texto "Além do princípio do prazer" (1920/1969, v. XVIII), Freud aproveitou a teoria das reminiscências de Platão, com base na leitura que fizera da obra de John Stuart Mill (traduzida por ele mesmo para o alemão), para propor o surgimento dos sexos. O mito refere-se não só à origem do instinto sexual, mas também à bi, à homo e à heterossexualidade.

J. A. Marina (2008, p. 71) assim o resume:

> O mito do andrógino teve grande relevância na Europa como explicação da sexualidade. Segundo Platão, existiu uma raça primordial, agora extinta, formada por seres que levavam em si ambos os princípios: o masculino e o feminino (androginia). Os elementos dessa raça andrógina eram extraordinários pela força e atrevimento e seus corações alimentavam propósitos soberbos a ponto de acabarem ameaçando os deuses. Para paralisar o seu poder, os deuses partiram esses seres em dois, daí o aparecimento dos sexos diferentes (a heterossexualidade). Porém, em cada ser resultante dessa operação divina permaneceu a recordação de seu estado anterior e o desejo ansioso de retomá-lo.

A possibilidade fantástica dessa retomada, todavia, nem sempre ocorre de forma supostamente correta. Quando se unem em espírito um homem e uma mulher, estaria configurada a heterossexualidade. Porém, o que acontece quando se unem um homem e um homem ou uma mulher e uma mulher? Configura-se a sexualidade paralela dos homossexuais.

A compreensão desse acontecimento não está no corte propriamente dito, mas na falta que se instalou em cada unidade arrancada – a falta da outra parte. Era assim que os antigos gregos podiam entender as aproximações humanas dos pares hétero e homo. A fábula tenta explicar. Porém, as dúvidas continuam sem solução.

FANTASIAS SEXUAIS

As fantasias sexuais são imaginações e fabulações do nosso interior psíquico que, de repente, não mais que de repente, invadem a subjetividade em forma de lendas e quimeras, a contaminar nossa história pessoal e inter-relacional.

A fantasia inconsciente corresponde ao que Freud denominou "realidade psíquica" – fenômeno também inconsciente. A noção de fantasia abre-se para a realidade psíquica. Ela é a própria intimidade da vida sexual. A fantasia consciente é o devaneio. O devaneio sexual clássico é o que permeia, principalmente, o ato masturbatório. O devaneio consciente teria a mesma estrutura da fantasia inconsciente; e mesma função: atender os desejos não satisfeitos. Os desejos estimulam, pois, as fantasias. "A fantasia torna o prazer apropriado ao desejo" (Lacan, 1970).

As fantasias surgem de uma ideia, de uma palavra, porém se caracterizam como tal quando parecem cenas cinetelevisivas. Não à toa, elas são o cerne do sonho. Atente-se para o fato de que, no sonho, nem sempre as cenas mais vívidas são as mais significativas. As cenas escondidas na penumbra seriam, essas sim, as mais importantes. Referem-se, geralmente, à agressividade e à sexualidade, porém com conteúdo pouco claro. Numa determinada pose, por um lapso de tempo, por exemplo, uma mulher se transforma em um homem e vice-versa. São cenas confusas, expostas para a interpretação que será feita por meio da compreensão do deslocamento e da condensação, tendo como contraponto a história de vida do sonhador. Um dos fenômenos mais intrigantes do tratamento psicoterápico é que o profissional passa a compor e a "participar" das fantasias sexuais de seu cliente. Freud descobriu que o analista será identificado com o objeto pulsional. Lacan diria que a identificação é com o objeto *a*, na condição de semblante.

Sobre seus devaneios perversos, o neurótico é capaz de falar com o terapeuta, com amigos e colegas de grupo terapêutico, mas não os realiza. O perverso (da classificação de Lacan), pelo contrário, elucubra, faz, esconde e não fala sobre o acontecido, preferindo segredo.

As fantasias, conscientes ou inconscientes, podem ser consideradas mecanismos de defesa para obstar o desejo – em princípio, freudianamente falando, um desejo incestuoso.

O desejo humano, polimorfo, complexo e perverso, encontra no cinema e em outras formas de arte a possibilidade de vivenciar imaginações bastante diversas, sendo as sexuais as mais atrativas. Nesse sentido, o cinema é libertador. Promove a sublimação de exigências emocionais: das mais destrutivas e odientas às mais ternas e conciliadoras.

A atração pelo mesmo sexo, uma expressão humana, não se concretiza sempre numa relação amorosa ou sexual, podendo permanecer a vida toda como fantasia ou desejo. Estes, por sua vez, podem ser superados por esforço sublimatório válido. O psicoterapeuta e seu cliente deverão avaliar adequadamente essa possibilidade, evitando transformá-la numa obrigação deletéria.

CASAMENTO E OUTROS VÍNCULOS

A sociedade aceita a existência das fantasias sexuais, não as tolerando, no entanto, se vierem a público como um estilo de vida.

Severa é a posição da Igreja Católica, e pode ser descrita mais ou menos assim: aceita-se o imaginário[4], mas não o ato sexual. Possivelmente venha de Santo Agostinho: ser contra o pecado, mas não contra o pecador.

Orientadores da juventude, diretores da consciência, nos anos 1960, estimulavam os gays a se casar e ter filhos. Talvez o intuito fosse a superação do desejo homossexual por meio do compromisso social. Há autores que afirmam ser a paternidade responsável pela superação homo.

René Major (2007) registra: "Muitas formas de psicoterapia retomam, hoje em dia, a recusa da sexualidade infantil, na tentativa de modificar os comportamentos adultos por meio da persuasão".

4 Imaginário, aqui, no sentido da psicologia clássica. Não se trata do imaginário lacaniano, que compõe os esquemas operadores da estruturação clínica do campo psíquico (Almeida, 2001).

Tal experiência de "aprendiz de feiticeiro", pelo que se pode notar numa visada aleatória, não tem sempre bons resultados. Muita decepção, muita recaída e muita vida dupla. O casamento heterossexual de homossexuais parece não ser a solução para seus conflitos.

Todavia, a bem da verdade, deve-se registrar que há casamentos bem-sucedidos nesse estilo, o que se consegue por meio da boa relação de convivência de pares compreensivos e amorosos. E sublimação eficiente. Salvam-se da promiscuidade sexual, da errância da carne, e envelhecem e morrem em paz com a honra acalentada.

A união de pares homossexuais (lésbicas ou gays) não deveria ser chamada de "casamento", porque a palavra tem significado histórico-cultural exclusivo, embora seja difícil conter a maneira como está sendo utilizada na fala popular. Chamar os pares de "marido e mulher", por sua vez, é um modo zombeteiro de preconceito. Em nome da dignidade, os termos civilizados seriam: união civil, pacto de solidariedade, companheiro, companheira e amizade compartilhada.

A amizade compartilhada é uma forma (ou fórmula) de convivência de pares homossexuais (gays e lésbicas). Vivem sob o mesmo teto, apoiam-se mutuamente no plano emocional, têm projetos de vida confluentes, dividem despesas domésticas, aproximam-se, de modo recíproco, de suas redes sociais e constroem um pacto ideológico e cultural sustentável não muito diferente daquele que os casais héteros modernos propõem e vivenciam – e, identicamente, com seus desassossegos.

AMOR, SEXO E CULTURA

A sexualidade, em sentido estrito, é um fator biológico/fisiológico responsável por acasalamentos procriadores ou simplesmente prazerosos. Ou ambos.

O amor, fator emocional exclusivo dos seres humanos, é o que permite a aproximação generosa e gratuita das pessoas em torno de objetivos éticos: o bem, o belo, o bom, a coragem, a solidariedade, a completude e, no caso dos amantes, o encontro de almas. Ao amor entre pessoas precedem o enamoramento e o idílio, atravessados muitas vezes pela paixão, para chegar ao sexual.

A cultura, entendida ora como civilização, ora como o conjunto de etnias, lugares e costumes, tem peso considerável sobre os encontros sexuais – o que pode ser pesquisado em rica bibliografia de estudos antropológicos.

Num plano ideal, desejável pelos moralistas e pelos utópicos, a convergência entre a sexualidade, o amor e os fatores culturais traduziria um momento significativo dos indivíduos e da sociedade: a amorosidade com finalidade de promover a prole. A prole como meta de permanência e eternidade da raça humana.

No caso de pares homossexuais (gays e lésbicas), o objetivo seria alcançar um companheirismo maduro. Na modernidade, esses pares querem ir além, reivindicando também a formação de sua prole, por meio de adoção ou métodos de inseminação artificial. É o vórtice das novidades do *ethos*.

Esse conjunto ternário – amor, sexo e cultura – não se encerra como protótipo do comportamento humano. Um fator incompreensível intromete-se com maior ou menor força nessa álgebra e delineia perfis inesperados: a misoginia, a misantropia, a solteirice, os comportamentos erráticos, o desejo de poder, a alternância de humor das atrações, as amizades coloridas, os vícios notívagos e outros contornos.

Além disso, registra-se o surgimento do outro lado da lua: ciúme, inveja, perda da inocência, carências, decepções, infidelidade, traições e crimes. Tudo em nome da sexualidade humana, sempre pulsional.

O amor é sentimento e emoção a serem exercidos com liberdade para todos os envolvidos no ato de amar. Essa é a afirmação de Espinosa, para quem não deve haver amor escravo.

O amor universal é a força que mantém unida a raça humana. E o preceito maior das religiões e dos sistemas filosóficos. O amor cortês da Idade Média e o amor romântico, surgido no século XIX, geralmente são direcionados ao casamento e à prole. O amor erótico, expressão particular e única para quem o experimenta, é a atração sexual por excelência, objetivando e estimulando a união carnal. Ocorre em héteros e homossexuais. Não exige nem casamento, nem prole.

Muito se confunde o amor-sentimento com a simples sensação do prazer erógeno. Por isso se diz "fazer amor" como sinônimo de "fazer sexo". Contudo, é o amor-sentimento que valoriza e humaniza o amor erótico.

Erótico é aquilo da natureza humana que promove o interesse e a excitação sexuais e a qualidade dos influxos amorosos, em todas as suas repercussões: corporais e espirituais. O adjetivo advém do substantivo "eros", que é o conjunto de pulsões de vida. Eros é o deus da vida e do amor. As mais puras amizades e as mais virtuosas admirações humanas também se assentam sobre a vitalidade de Eros, e não apenas o sexo.

CONCEITOS MODERNOS

GÊNERO – É um conceito amplo, com muitas subdivisões; permite a distinção entre os sexos. Exemplos: palavras referentes ao macho são masculinas, palavras referentes à fêmea são femininas.

IDENTIDADE DE GÊNERO – É o sentimento psicológico subjetivo ou a crença que traduz o significado íntimo de si mesmo: ser homem ou ser mulher. Esse conceito foi criado em 1968 por Robert J. Stoller (1993) para o estudo da transexualidade.

PAPEL DE GÊNERO – Trata-se do comportamento externo que traduz o sentimento interno relacionado à identidade de gênero. O papel deve acompanhar a identidade.

IDENTIDADE e **PAPEL** – devem se apresentar de modo coerente e/ou congruente na vida social. Tal expectativa nem sempre se realiza, e isso propicia os conflitos emocionais. Identidade e papel não se referem obrigatoriamente ao sexo biológico que se apresenta pela anatomia: macho = pênis, fêmea = vagina.

ORIENTAÇÃO SEXUAL – É a resposta erótica da pessoa: heterossexual, homossexual, bissexual. Está ligada à escolha objetal inconsciente do indivíduo ou às suas fantasias. É o vetor da "escolha" inconsciente.

Apesar desses conceitos modernos que tentam disciplinar o conhecimento sobre a sexualidade, posso afirmar que a temática ainda é caótica. Talvez possamos voltar ao velho Freud, com duas definições inabaláveis: desejo e fantasia. Tudo está ali.

A fantasia forneceria melhores condições para explicar a orientação sexual. No plano sociocultural, ser isso ou aquilo já perdeu a força de estigma. Hoje, pergunta-se: e a sua fantasia?

Para o desejo, temos três vetores: o desejo consciente, no plano da vontade, do anseio e da aspiração; o desejo inconsciente, ligado à pulsão sexual; e o chamado desejo analítico, que surge no decorrer de uma análise, não sendo obrigatoriamente sexual, mas sempre enigmático.

A respeito do experimento homossexual dito "experiência existencial", de cunho filosófico, dá-se como de Voltaire a frase sibilina: "Uma vez és filósofo, duas vezes és homossexual". Isso vale para todos os tipos de ocorrências pessoais advindas do desejo e da fantasia, sem a eventual condenação da *boutade* supracitada.

HETEROSSEXUALIDADE

Esse é o nome que se dá aos fatos e às normas do prazer sensual e sexual, dominantes na sociedade humana, com ênfase nos objetivos da procriação e com o intuito de promover estabilidade social por meio da família.

Instituição peculiar, a família tem passado por mutações evidentes, e muitas pesquisas ainda cabem ser feitas para o entendimento adequado desse sistema cheio de paradoxos e contradições.

A heterossexualidade é o que é. Sendo um constructo histórico, assim permanecerá *ad infinitum*, utilizando-se, para não permitir o fim da espécie humana, do erotismo específico de homens e mulheres que se atraem, se aproximam e se conjungem. A natureza tem a sabedoria. Freud foi quem promoveu a chamada identificação heterossexual – não obrigatoriamente por atos, atividades, impulsos, instintos e desejos eróticos, e sim pela característica do apaixonamento: o sentimento hétero é que define o ser hétero.

Associados à relação básica da heterossexualidade estão os toques, beijos, carícias; tudo a serviço da reprodução humana, maturidade teleológica que já desponta na puberdade. A natureza é incrivelmente ardilosa.

Tudo que ultrapassa a visão angelical do ser humano tem de ser pesquisado em um grupo complexo de sexualidades rebeldes. Mas não ameaçadoras. Só a perversão como crueldade e na interface com a criminalidade é sinistra.

Aos olhos do grande público, a heterossexualidade é o que se diz natural. Os ingleses dizem "*straight*", isto é, na linha. A questão da heterossexualidade como normalidade vem sendo discutida *ad nauseam*. Depois do relatório Kinsey (1948), a normalidade do heterossexual ocupou um espaço extenso na curva de Gauss, sendo de elementar bom-senso o que, na perspectiva da manutenção da espécie humana, nunca será exterminado. Seu espaço na curva tem estado numa faixa permanente de expansibilidade e estabilidade.

A natureza permite travessuras, mas está atenta à sua permanência na linha. "Podem brincar, mas voltem para casa para cuidar da prole", diz ela.

Freud (1904/2002), com inteligência e perspicácia, formado nas proposições darwinianas, diz com simplicidade: "A vida humana na terra será mantida eternamente enquanto houver a estratégia que consiste essencialmente numa busca de colocar o próprio órgão genital em contato com o órgão genital de algum sexo oposto".

HOMOSSEXUALIDADE

É definida pelo interesse na procura do prazer afetivo-sexual (apaixonamento) por meio da aproximação de pessoas do mesmo sexo. *O sentimento homo é o que define o ser homo*. Os trejeitos vigorosos de uma mulher e os trejeitos adamados de um homem não são indícios de homossexualidade, mas tão somente fonte de interrogações.

Trata-se de uma história sociocultural com vieses bastante complexos, com movimentos político-sexuais muito intensos e um aranzel de comportamentos conflitantes e fantasiosos (equivalentes homossexuais), além do preconceito severo existente na sociedade.

A homossexualidade só poderá ser definida como tal após a entrada do indivíduo na vida adulta, pois na infância e na adolescência o acontecimento eventual é visto como experiência e curiosidade. A adolescência, como pré-sexualidade, propicia as "amizades particulares" e o surgimento dos afetos íntimos. Aos 18 anos – entrada na fase adulta conforme alguns critérios de ordem médico-legal –, dá-se a liberação e a definição do objeto amoroso que verdadeiramente está no caminho do jovem. As homossexualidades tardias, na verdade, são acontecimentos recalcados. Isso ocorre devido ao rompimento dos mecanismos de defesa, no plano afetivo/emocional, ou por deterioração neurológica (demência) – ambos fatos responsáveis pela perda da relação apropriada do indivíduo com seu entorno vital.

Assim como a heterossexualidade é totalmente diferente no homem e na mulher, também a homossexualidade se expressa de modo diferente em cada sexo. Por isso se separam gays e lésbicas.

Em algumas culturas, como na Grécia Antiga, a homossexualidade duraria o tempo necessário para a finalização da iniciação sexual, dando lugar, em hora oportuna, à assunção da heterossexualidade, ao casamento, aos filhos e à formação da família.

A homossexualidade deve ser compreendida pela potência erótica presente nos indivíduos, homens e mulheres, e não se pode deixar de reconhecer o despertar de sentimentos românticos com o mesmo vetor de busca objetal. Por isso se diz "homoafetividade".

A verdadeira homossexualidade é tão inevitável e natural como a heterossexualidade. Hoje, ela não é mais tida como desvio moral, e sim como desvio da pulsão sexual, como nos ensina Freud.

A chamada homossexualidade greco-romana está ricamente documentada, porém seu estudo guarda distância histórica e moral do que hoje dizemos. São fatores culturais, já presentes na mitologia, nas artes visuais dos "vasos gregos", nas escolas filosóficas, e não têm nada que ver com a cultura contemporânea.

Dover (2007) pergunta e responde: "Por que os atenienses do século IV a.C. aceitavam a homossexualidade tão prontamente, conformando-se, com tanta satisfação, a esse hábito, é uma questão que pode ser respondida imediatamente, num nível superficial: eles a aceitavam porque seus pais, avós, tios, também a aceitavam". Os jovens efebos eram perversamente "usados" pelos adultos como um resquício do costume helênico da zoofilia. Essa submissão era socialmente permitida até os 18 anos, depois do que a prática se transformaria num labéu.

A luta pela mudança das denominações dos homossexuais masculinos se deu nos Estados Unidos, emplacando o termo *"gay"* (alegre). Ao longo da história, os títulos foram sendo mudados com a intenção de diminuir o impacto discriminatório e pejorativo: pederasta, veado, boiola, invertido, bicha, terceiro sexo[5], entendido e, agora, gay.

As homossexuais femininas, de participação social discreta, desde há muito tempo se autodenominam lésbicas. Trata-se de uma lembrança da ilha grega de Lesbos, onde viveu a poeta Safo com sua "escola de mulheres" (600 a.C.).

O vocábulo "homossexual" está tão impregnado de estigmas e tão anatematizado, muitas vezes furiosamente execrado, que há estudiosos da sexologia pretendendo retirá-lo do vocabulário especializado. Para isso, estão sendo propostas expressões como: homem que faz sexo com outro homem; mulher que faz sexo com outra mulher.

Para substituir a palavra homoerótico, estaria proposto: homem que é atraído por outro homem; mulher que é atraída por outra mulher. No lugar de homoafetivo, seria: homem com afeição por outro homem; mulher com afeição por outra mulher.

Pode parecer uma complicação linguageira, mera fraseologia, porém seria o preço a pagar para exorcizar o peso da proscrição.

5 "Terceiro sexo" foi o título ingênuo proposto pelos incipientes movimentos homossexuais de 1950.

BISSEXUALIDADE

A ideia de bissexualidade "constitucional" surgiu para Freud quando ele acompanhou o médico sexólogo Krafft-Ebing numa distorcida percepção sobre enervações centrais e periféricas da embriologia.

Estudos posteriores, porém, mostraram não existir gênese cromossômica para o hermafroditismo. A natureza define claramente o sexo biológico pelos padrões XX e XY. Não há, pois, bissexualidade genética. O hermafroditismo biológico é exclusivamente anatômico. A síndrome de Klinefelter, de duplo cromossomo X (XXY), com genitália masculina pequena e infértil, com os correspondentes conflitos psicológicos, não configura bissexualidade genética.

Em outro momento, o amigo Fliess (figura importante na história da psicanálise) convenceu Freud da existência da bisssexualidade, com argumentos aparentemente efetivos a ser buscados numa pesquisa histórica. Fliess sugeriu a existência da bissexualidade humana em nível constitucional, biológico. Até hoje, questiona-se a influência de Fliess, um médico delirante, sobre Freud. Este teria se encantado com essa colaboração, mas, no decorrer do tempo, fez observações mais condizentes com a realidade. Quando rompeu a amizade com Fliess, pôde ficar livre para dar consistência a seus novos estudos.

Lacan insistiu no abandono desse legado e procurou dar conta de responder sobre a bissexualidade psicológica com base em seu conceito de objeto *a* (um estudo complexo).

O conceito de pulsão (*Trieb*) ajuda no entendimento da bissexualidade em sua concepção psicológica. Num primeiro momento, a pulsão é entendida como um fenômeno fisiológico, tal como é o instinto ou qualquer outro impulso animal. Para Freud, a pulsão pertence ao mundo psicológico, mais exatamente o mundo da realidade psíquica. A pulsão é a inscrição do que é biológico no espaço virtual da fantasia e do simbólico na ordem psíquica. Pulsão é o "fio da navalha" em que o biológico e o psicológico convergem. É sempre *Trieb* e nunca *Instinkt*.

A disposição bissexual do ser humano deve ser compreendida como fantasia. É o que Freud estudou no artigo "Fantasias histéricas e sua relação com a bissexualidade" (1969, v. IX). Só em 1933 ele esclareceria ter transposto a noção de bissexualidade para a vida mental, como parte das fantasias da realidade psíquica. Assim, hoje, com a superação dos conceitos enviesados, a bissexualidade encontra seu respaldo na teoria das fantasias e dos desejos, com presença no ato masturbatório, bem como nas próprias relações sexuais dos pares – hétero ou homossexuais.

TRANSEXUALIDADE

Esse é o vetor mais intrigante da sexualidade humana, ultrapassando todos os demais vetores em sua capacidade de causar espanto. Nem mesmo a psicanálise, com seu histórico de entendimento sobre a sexualidade, conseguiu abrir espaço na clínica contemporânea para o tema.

Esse acontecimento seria uma "expressão nova" e um "sintoma" da modernidade, com o noticiário da mídia a estimular o imaginário coletivo. O homem nessa situação não aceita seu corpo e seu órgão genital, considerando-se "mulher heterossexual"; a mulher, por sua vez, declara-se "homem heterossexual". Tudo a exigir cuidadoso estudo diagnóstico, com ajuda multidisciplinar, evitando-se erros de apreciação e avaliação na "redesignação" do sexo, com repercussões sociais, jurídicas e mentais para cada qual que se propõe à experiência de tal monta.

No Brasil, o Conselho Federal de Medicina aprovou a resolução n. 1.652, de 6 de novembro de 2002, com os critérios mínimos para fechar o diagnóstico[6]:

- desconforto com o sexo anatômico natural;
- desejo expresso de eliminar os genitais, a fim de perder as características primárias e secundárias do próprio sexo e ganhar as do sexo oposto;
- permanência desses distúrbios de forma contínua e consistente por, no mínimo, dois anos;
- ausência de outros transtornos mentais.

6 O texto integral da resolução pode ser lido em: <www.portalmedico.org.br/resolucoes/CFM/2002/1652_2002.htm>.

O diagnóstico diferencial é necessário para discernir entre a transexualidade e os quadros de travestismos, homossexualidade feminil, "empuxo à mulher" de viés psicótico (Lacan), síndrome *borderline* e hermafroditismo biológico a que se indica correções cirúrgicas.

Ainda que o surgimento desse tipo de caso tenha prevalência estatística limitada no dia a dia da clínica, amplo conhecimento torna-se importante para os profissionais da saúde mental, por motivos óbvios. Porém, devemos levar em conta também o dramático apelo sociocultural, as pressões reivindicatórias de movimentos dos direitos legais e civis e a expectativa dos cânones jurídicos que se apoiam em dados confiáveis das ciências médicas. Recomendo, aos que me leem, a tese de doutoramento de Alexandre Saadeh, médico psiquiatra e psicodramatista: *Transtorno da identidade sexual: um estudo psicopatológico de transexualismo masculino e feminino* (2004). Um trabalho cuidadoso, pertinente, com a competência e o brilho do autor.

Por fim, registro um dever de consciência: não pode haver desconhecimento das repercussões maléficas de certas condutas apressadas, com a eclosão de psicose franca e de suicídios na pós-conversão genital. A psiquiatria, a psicologia, a psicanálise e o psicodrama não podem se eximir de colocar essa possibilidade em debate ético.

OUTROS DADOS INFORMATIVOS PARA O ENTENDIMENTO DA SEXUALIDADE

O escatológico trata da permanência do indivíduo, enquanto criança, em suas experiências primitivas com as fezes e a urina na procura do prazer. Isso pode se repetir na vida adulta como perversão. Freud ensinou: "O excrementício está todo, muito íntima e inseparavelmente, ligado ao sexual: a posição dos órgãos genitais (masculinos e femininos) – *inter faeces et urinam nascimur* – permanece como fator decisivo e imutável".

O desejo de caráter obsessivo de ver, com a finalidade de fazer comparações, o genital de outras pessoas traduz o comportamento infantil que se instala na criança antes de ela ter dominado o complexo de castração.

Esse desejo visual compõe um gesto instintivo que pode surgir na vida adulta entre homens, com desagradável sensação de inconveniência. Nas civilizações primitivas, exibir a genitália masculina denotava orgulho; e vê-las, adoração.

Travestismo é a condição de se vestir com roupas do sexo oposto ou de idades diferentes. A mulher se veste de homem, o homem se veste de mulher, a criança se disfarça de adulto e vice-versa. Geralmente, esses atos se colocam como travessuras divertidas e traquinagens maliciosas, muito comuns nos folguedos carnavalescos e até mesmo nas festas juninas. Há uma tradição, principalmente oriental, do travestismo em espetáculos teatrais. Em todo o mundo, os artistas se permitem, com frequência, essa experiência cênica como excelência interpretativa. Um desafio à sua capacidade de inversão de papéis.

É chamado de travesti, particularmente, o homem que se veste de mulher fora desses contextos referidos. Alguns por serem homossexuais feminis; outros por estarem a caminho de uma decisão de transformação transexual; outros, ainda, sendo bi, homo ou heterossexuais, apenas por desejar exercitar uma fantasia transgressiva.

O travesti prostituto é um personagem complexo e muitas vezes complicado, desejado por homens que se aventuram na noite com identidades ambíguas. A gama de possibilidades desses encontros furtivos alimenta o imaginário popular e torna complexo o entendimento do psiquismo humano no que tange à sexualidade.

A masturbação, para Freud, por não ter como finalidade a procriação, é uma perversão menor (parafilia, diria Stekel), próxima do quadro da sexualidade perversa polimorfa da criança. A insistência obsessiva em masturbar-se ("fator quantitativo"), no adolescente e no adulto, compõe um infantilismo a ser estudado e tratado nas psicoterapias, com bons resultados.

Os sintomas histéricos, no mais das vezes, são ressonâncias da bissexualidade no ser humano. A bissexualidade, com suas exigências contraditórias, se não forem diluídas no decorrer do desenvolvimento infantil, cria no adulto uma obscura confusão de sentimentos presentes, principalmente nos atos masturbatórios, sempre no campo da fantasia.

Complexo ou paradoxo de Tirésias é a obsessão de um homem por saber e conhecer a sensualidade e a sexualidade femininas, procurando atingir a percepção do desejo e da sensação do gozo da mulher. Tudo em vão.

Antes da Revolução Francesa, em crimes de incesto, com o Estado sob o poder da Igreja, a condenação dos tribunais levava o homem à forca e a mulher a ser enterrada viva. Depois do Código de Napoleão[7], o castigo ao incestuoso passou a ser tratado com menor sofreguidão. O tema é de máximo interesse. Porém, para acompanhar a evolução das leis, é preciso dedicar-se à bibliografia jurídica. Para Razon (2007), "A lei é o que funda a mediação dos seres humanos no reconhecimento de suas diferenças de sexos e de gerações". Há o interdito legal, o interdito psíquico e o interdito moral.

No mundo laico, existe a suposição de que esteja aumentando a prevalência de gays, lésbicas e transgêneros. Alguns estudiosos, porém, acreditam que a presença desses grupos na cena pública pode referir-se somente à expressão política e explícita de seus membros, que estariam "saindo do armário".

HOMOFOBIA

Iniciemos pelo *Dicionário Houaiss* (2001): homofobia seria rejeição ou aversão a homossexuais e à homossexualidade. É homófobo aquele que demonstra ter homofobia.

Trata-se de uma maneira neurótica de encarar o fenômeno humano da sexualidade diferente. Pode-se perguntar: haveria a heterofobia? Divagações em aberto.

Corre, no meio popular, culto à ideia de que o homófobo seria um homossexual em latência. Não corresponde à realidade. O que se

7 Código Civil da República Francesa, outorgado por Napoleão Bonaparte em 21 de março de 1804.

pode afirmar com alguma certeza é que a homofobia resulta de uma sexualidade conflituosa. Para cada pessoa homofóbica haverá uma explicação diversa da outra. Só a autoanálise ou a análise com um profissional poderão indicar a verdade que há nos meandros do inconsciente de cada um.

A homofobia enrustida costuma se manifestar por meio de piadas, xingamentos, gozações, *bullying*, mal-estar, ansiedade, preconceito. A homofobia explícita se dá por meio de agressões verbais diretas, agressões físicas e até assassinatos. Um problema social delicado a merecer atenção dos legisladores, da Justiça e da polícia.

Como expressão médica da homofobia, tem-se o chamado "pânico homossexual": uma perturbação psíquica séria, porém passageira. Trata-se de verdadeiro "estado de terror" diante do medo de ser homossexual, muito próximo da sintomatologia do "estado de pânico" das neuroses. Não é indicativo de homossexualidade latente, apenas de neurose ou fragilidade das estruturas de identificação. O pânico, nesse caso, será tratado com a combinação de ansiolíticos com a psicoterapia como instrumento essencial.

ENIGMA DA CONSTITUIÇÃO DO PSIQUISMO SEXUAL

Freud nos ensina que o interesse intelectual da criança pelos enigmas da vida sexual e sua curiosidade pelo tema são manifestados desde épocas "insuspeitavelmente remotas", donde o equívoco de que a motivação sexual possa ser inata ou hereditária.

Inúmeras são as teorias para explicar as variações objetais da sexualidade humana em sua escolha inconsciente desde os tempos primevos da história pessoal de cada um.

Para não nos perdermos em falatório, proponho conhecer a teoria de Jean Laplanche, a mais intrigante e instigante das que têm surgido no terreno especulativo – hipotético, pois. Trata-se de compreender o papel do outro na constituição do psiquismo; particularmente, na gênese da sexualidade em suas variadas formas.

Diz-se, então, que a constituição psíquica sexual seria estruturada sob a influência do impacto de mensagens inconscientes e enigmáticas "transmitidas" pelos adultos à criança em vários momentos de seu desenvolvimento. Essa transmissão se daria por meio da fala, da exposição de ideias, das normas educativas, de gestos e comportamentos; tudo passado à mente da criança com sutileza, sem a intenção consciente de fazê-lo. Daí o inconsciente e o enigmático da tese. Em virtude da incapacidade do adulto de ter controle sobre suas fantasias transmitidas inconscientemente à criança, ele não saberia estar seduzindo.

Dialeticamente, pode-se dizer que a criança tem, por sua vez, aptidão psíquica de receber, aceitar, elaborar e promover toda a carga afetivo-sexual que vai conformar sua escolha inconsciente do objeto sexual amoroso.

A antiga teoria da sedução infantil de Freud refere-se a "acontecimentos de uma experiência sexual prematura, na qual uma criança mais ou menos pequena é confrontada passivamente com a manifestação de uma irrupção da sexualidade adulta perversa" (Laplanche, 1988). Exigiria, portanto, como parceiro obrigatório da sedução, um adulto. Não diz respeito, pois, a experiências adolescentes ou de crianças com idades próximas entre si. Seriam cenas arcaicas. No entanto, mais tarde, Freud negaria essa proposição, promovendo verdadeiro recalcamento, criando um lapso fundo no pensamento psicanalítico.

Entre 1964 e 1986, Jean Laplanche, estudioso minudente do tema, retorna à hipótese primeira e constrói a teoria da sedução generalizada (1988). Passa, então, pelos fatos incontestes da provocação erótica da criança por meio dos cuidados de higiene corporal recebidos de seus cuidadores (mãe, pai, babá, irmãos), do prazer da sucção dos seios maternos, de outras excitações somáticas e da inter-relação com o mundo adulto repleto de mensagens pré-para-perlinguísticas, cabendo à criança "interpretá-las" com seus parcos recursos.

Ele recorre, também, ao estudo de Ferenczi (1990) sobre a "confusão da linguagem entre adultos e a criança", e considera esse artigo o prefácio de sua teoria. Sem deixar de se referir às fantasias originais, nas quais se loca o coito entre os pais, apreciado ou simplesmente imaginado pela criança, o autor valoriza de forma significativa a linguagem verbal, bem como a linguagem gestual da mímica e dos afetos.

Nessa teoria, "significantes enigmáticos" veiculariam o enigma do desejo inconsciente do adulto. Para efeito de argumentação, pode-se afirmar que pais e mães carinhosos, socialmente entrosados, familiarmente respeitados, com prole saudável e alegre não são garantia da inexistência de desvios sexuais. Da mesma maneira, famílias desestruturadas não são psicologicamente responsáveis por desvios sexuais de seus filhos.

Abandonada a teoria da sedução, Freud abordou "os desvios em relação à meta sexual" pelo viés das pulsões parciais e das zonas erógenas, nos *Três ensaios sobre a teoria da sexualidade* (1904/2002). Então, os desvios sexuais se dariam no desenvolvimento psicossocial da sexualidade, com origem na infância. Se as ideias de Laplanche têm ou não lugar nessa visão freudiana, isso nos remete a uma discussão acadêmica.

A pesquisa sobre a homossexualidade tem tomado caminhos sinuosos quando envereda pela explicação inata, genética e biológica do fenômeno, pretendendo negar a causa psíquica peculiar. O debate parece continuar nos dias de hoje, e o próprio Laplanche é contestado. Convido o leitor para um aprofundamento nesses estudos. A existência do "gene da homossexualidade" seria ilusão acalentada, talvez, para desculpabilizar o homossexual de seu destino, conforme alguns estudiosos. Porém, essa nova literatura tem crescido e é séria o suficiente para ser considerada e analisada. São novidades dos tempos atuais.

A CONTROVÉRSIA DA PERVERSÃO

O termo "perversão" foi introduzido no campo da sexualidade pelo moralismo religioso, pela teologia moral, classificando como "pecado capital" todo ato sexual que não objetivasse a procriação – ato inverso, pois, da perspectiva do que fosse considerado "natural".

Durante a Revolução Francesa, o vocábulo "perversão" foi agregado à visão moral da psiquiatria e da competência médica. Krafft-Ebing e Havelock Ellis, os primeiros sexólogos reconhecidos pela medicina ocidental, estudaram a epidemiologia desse fato sexual, principalmente na sua relação com a criminalidade.

Na teoria freudiana, entretanto, a perversão não coincide com aquela registrada nos dicionários: índole má, depravação, traição, deslealdade, ruindade, corrupção, malvadeza, sordidez, disrupção, crueldade. Refere-se ao uso do sexo fora das metas da procriação, desviado, pois, desse objetivo e do objeto correlato. Numa conceituação rigorosa, até o beijo seria uma perversão, por unir duas zonas erógenas orais e não duas zonas genitais procriativas.

Muito se pergunta por que ele não deu outro nome ao que, no seu tempo, assim se chamava, condicionando outro vocábulo ao novo modo de desenvolver essa tese. Trata-se de uma interrogação inútil, pois ele já colocara idêntica dúvida na palestra "O desenvolvimento da libido e as organizações sexuais" (1893/1969, v. I). No texto, questionou o porquê de o termo "perversão sexual" não ter sido superado, até então, diante do que ele estudara e definira. E respondeu: "Realmente não sei dizer. É como se as pessoas sentissem as perversões como sedutoras e, no fundo, tivessem de sufocar uma secreta inveja daqueles que as experimentam".

Em 1987, a Associação Americana de Psiquiatria substituiu o termo "perversão" por "parafilia". Foi Wilhelm Stekel, contemporâneo de Freud, participante da primeira sociedade psicanalítica (com Freud, Adler e outros), a propor que as "perversões menores" fossem substituídas pelas "parafilias". Parafilia vem do grego, significando: *para* = ao lado, paralelo, próximo; *filia, filo* = amor, paixão, amizade. Parafilia = amor às coisas paralelas à sexualidade "normal".

A tentativa de emplacar o termo não teve, no entanto, a competente repercussão, e as sociedades científicas mantêm a palavra "perversão" – com seus enigmas e mistérios, estimulando, no imaginário de cada um, a sinfonia inacabada do desejo (eternamente insatisfeito), orquestrada pela polimorfia do Kama Sutra secreto. Mesmo diante dessa resistência, insisto no termo "parafilia".

Devido ao mando da Igreja sobre todos os aspectos da sociedade ocidental da época, a medicina – e com ela a psiquiatria – não teve força moral e ideológica para contestar esse posicionamento clerical. Assim, ainda no início do século XX, os estudos clínicos adotavam a palavra "perversão", dando-lhe "credibilidade científica". Essa aceitação desarrazoada transferiu-se para as decisões médico-legais e jurídicas, e os atos delituosos os mais variados e díspares foram compondo a mentalidade reacionária daqueles tempos, no guarda-chuva amplo da palavra satânica. Em pleno século XXI, ainda há quem use, com autoridade médica, jurídica e religiosa, o vocábulo como uma condenação.

Em Freud, o estudo da perversão é confuso. Ao usar o termo "perverso polimorfo" para entender a sexualidade infantil, comprometeu-se com o termo original, eivado de restrições, como se coonestasse a posição religiosa diante do pecado. Quem estuda Freud com cuidado percebe o número de contradições e inseguranças em suas inúmeras afirmações conceituais. Mas Freud está perdoado, pois foi o pioneiro corajoso de um tema difícil em tempos difíceis, para a originalidade de suas ideias difíceis.

Perversão é conceito polissêmico: a palavra varia de sentido e significação ao longo da literatura. E polissemia é muito do gosto de Lacan, cujos textos são também difíceis de penetrar; um *mix* de definições e conceituações exigindo-nos conhecimentos de filosofia e epistemologia.

Com certeza, Freud e Lacan marcam sua presença na psicanálise com o gesto liberal de retirar o vocábulo do limbo da condição humana degradada, podendo nos ajudar – nós, simples clínicos – a superar os estigmas pejorativos do moralismo.

Ao desconstruírem a sexologia, esses pioneiros mantiveram o vocábulo. Porém, sem o conflito moral e o peso do pecado, dando-lhe, quando de direito, o lugar certo entre as doenças do caráter (sócio e psicopáticas), os jogos sadomasoquistas ferinos e no limite com a deliquência e a criminalidade ou delas fazendo parte ruidosa.

Joyce McDougall (1989), em sua proposta de denominar neossexualidade os pontos confusos da psicanálise, foi dos autores que se puseram em forma para elidir o termo. Acredito que, no tempo certo, perversão será perversão e parafilia será parafilia. É o que proponho no roteiro final deste capítulo.

Roudinesco acha ridículo o termo "parafilia". Espera-se, então, que ela proponha outro. No entanto, é da cultura francesa o gosto pelo uso das palavras de duplo ou vários sentidos. E aí cada pessoa usaria a mesma palavra com o significado desejado. Perversão teria seus encantos. A parafilia torna-se perversa quando passa a ser uma perversidade, isto é, algo com intenção de causar mal, uma maldade. É preciso repetir, sempre, que o homem não faz sexo animal, e sim sexo pulsional. Nos neuróticos, particularmente, as fantasias perversas inundam seu pensamento casto, atormentando-os ou deliciando-os. Éric Laurent (2007) inscreve em seu livro: "A psicanálise tornou o perverso parente do normal, bem como lembrou ao normal que ele é um perverso honorário".

Agora, vamos às ideias de Lacan.

Esse autor sempre insistiu em dar dignidade aos significantes, que são o esteio de sua teoria psicanalítica para o entendimento do inconsciente por meio da linguagem. Daí por que o significante "perversão" ganha sob seu olhar dignidade e, eu diria, cientificidade capaz de afastá-lo (o significante) do terreno moral/religioso.

De inspiração lacaniana, a autora Collete Chiland (2005) é incisiva: "Só merece o nome de perversão a sujeição do objeto amoroso às sevícias que lhe são infligidas". Perversão é, em Lacan, sinônimo de humilhação, sevícia, subjugação, destrutividade do outro (perversidade), submissão do outro sem condição de escolha. "Entre dois, o despudor de um constitui por si só a violação do pudor do outro" (Lacan, 1970).

Ele ampliou o entendimento do termo estudando-o como "estrutura" da organização mental na tríade neurose, psicose e perversão. Com ele, o nome "perversão" libertou-se da conotação religiosa e não permaneceu obrigatoriamente ligado às sexualidades. O desejo perverso ganhou um estatuto. Vou resumi-lo.

Nos desejos e atos perversos há uma clandestinidade, eles são sub-registrados no anonimato. Negam a dimensão de respeito e responsabilidade pelo outro. O outro das relações humanas seria "reificado", "coisificado". A relação de objeto amoroso transforma-se em relação de objeto inanimado, na qual falta o imperativo moral de Kant, tal como acontece no incesto, na pedofilia e no estupro. Nenhuma relação sexual é obrigatoriamente perversa – o que não impede que o perverso tenha seu *modus faciendi* na relação sexual.

O QUE É FETICHE? UMA VARIAÇÃO SEXUAL?

Aquele que tem interesse por fetiches nem sempre tem capacidade de reconhecê-los como uma variação sexual. O fetiche seria o exemplo clínico mais perfeito para a exposição das parafilias (perversões leves ou menores), e o sadomasoquismo seria o fetiche que se presta como modelo mais radical da perversão estrutural.

Freud atribuiu a existência do fetiche na vida sexual do homem adulto a alguma "impressão sexual" recebida pela mente na primeira infância. Mais propriamente, como substituto para a fantasia de que a mulher/mãe fosse dotada de um pênis, posteriormente perdido. A partir daí, poder-se-ia pensar que, suplantada a impressão, já na fase adulta, o fetiche desapareceria. Não é, entretanto, o que acontece, pois ele permanece exatamente para preservar da extinção o "pênis" materno de seu inconsciente.

Cada fetichista tem um ícone que lhe é próprio. Os pés e os sapatos femininos seriam os mais expressivos da simbologia sexual masculina. Os fetiches do homossexual são o pênis e o "menino bonito" de que nos fala Camille Paglia (1990). Em minha clínica, registrei o caso de um paciente que tinha como fetiche os longos e sedosos cabelos de sua esposa, exigindo dormir sobre eles, devidamente perfumados, a noite toda, não se importando com o desconforto causado para a companheira. Era seu gozo. Era sua perversão.

Perversão ou parafilia?, pergunto.

À ideia de que o fetiche seria apenas um atributo do macho, alguns autores contrapõem a tese de que o "fetiche da fêmea" seria o próprio homem, possibilidade avaliada pelo prazer que a mulher teria em "desfilar" acompanhada de um varão, o seu troféu. (*Se non è vero, è ben trovato.*)

Outras razões supostas pelos analistas para compreender a presença do fetiche seriam: proteção à possível homossexualidade e suporte para o homem aceitar a figura da mulher como "mulher-mãe castrada". O fetiche fortaleceria no homem a aceitação da mulher como objeto sexual. Supostamente, o heterossexual que procura relações íntimas com travestis e congêneres estaria buscando, nessa experiência de aventura existencial, a fantasia da "mulher com pênis".

Heterossexuais que se travestem para ter relações sexuais com uma mulher estariam exercendo o chamado "travestismo de identificação", por meio do qual surgiria a "mulher com pênis", ele próprio, em dupla função psíquica. Segundo os estudiosos, isso facilitaria ao homem não temer a mulher sem pênis, a realidade que a cama da alcova lhe apresenta.

A LUTA POLÍTICA DOS HOMOSSEXUAIS

Toda e qualquer teoria tem o vezo da generalização. Do ponto de vista científico, o estudo psicológico e comportamental isolado de cada pessoa com determinada orientação sexual seria o melhor caminho, o caminho particular em defesa do direito de cada pessoa. Do ponto de vista fenomenológico-existencial, cada indivíduo fará a seu modo exclusivo a neurose, a perversão, a psicose e a sexualidade. A luta eficiente, pois, será pela singularidade do sujeito. É o mote lacaniano.

A ação política dos homossexuais começou com a intenção de esclarecer à sociedade que homossexualidade não é perversão. Dito de outra forma: a sexualidade recíproca, mutuamente consentida, em que cada qual é respeitado como ser humano distintivo, não se enquadra nos atos ditos de perversão.

Em seguida, tal luta focou as inúmeras hipóteses (mais de 30) explicativas sobre o fenômeno. Coonestada por Freud, a história do pai ausente e da mãe possessiva como gênese da homossexualidade masculina já passou à categoria de lenda. Alguns autores criaram a contrassuposição de que a sensibilidade da mãe diante de um filho fragilizado na rede social faria que ela o tomasse sob sua proteção de forma leonina, criando o filho superprotegido ("filhinho da mamãe"). E o pai machista, escandalizado e inconformado com o fato de ter um filho gay, o abandonaria. Aí sim: mãe forte e pai ausente.

Outro momento dessa campanha ocorreu para promover a ideia de que o comportamento homossexual não se dá como preferência, opção ou escolha, e sim determinação do destino psíquico do indivíduo. A frase de Napoleão, "anatomia é o destino", usada por Freud, Lacan inverteu-a: "a anatomia não é o destino". A anatomia não comanda nem o desejo nem a pulsão.

OS GUETOS. Trata-se de lugares de confinamento social de minorias étnicas, raciais, econômicas, sociais e sexuais. No caso de homossexuais (gays ou lésbicas), os guetos se constituem em "redes de apoio" para aqueles à procura de afirmação. Os participantes dos guetos poderão estar atentos às necessidades emocionais e aos estados incapacitantes de seus pares, tais como ideias suicidas, depressão, baixa autoestima e isolamento.

A luta de gays e lésbicas pela sobrevivência emocional percorre um caminho sofrido: a descoberta de sua homossexualidade, a aceitação do fato de ser diferente, o assumir-se perante a família e a sociedade, o realizar-se como ser humano íntegro.

Os guetos promovem apoio mútuo entre seus membros, capaz de reverter o sofrimento pessoal e até mesmo de proporcionar bem-estar e capacidade de viver plenamente. Também podem apresentar, no entanto, uma face *gauche*, que é a da permissividade e da promiscuidade, muitas vezes permitindo o surgimento da perversão nas relações de intimidade.

Geralmente, os guetos se formam em torno de bares, saunas, boates e alguns *points* urbanos.

A NAÇÃO *QUEER*. Existe agora um movimento interessante, iniciado nos Estados Unidos: a nação *queer*. A palavra é reapropriada de um insulto e utilizada para denominar a mobilização em defesa da sexualidade "marginal", excluindo-a da sexualidade normativa. Os *queer* propõem ser análogos ao proletariado marxista em sua luta contra a opressão capitalista.

A chamada nação *queer* pretende retirar a homossexualidade do fundo da noite, dos cinemas eróticos, dos mictórios sombrios, das saunas promíscuas, para instalá-la à luz do dia, no mundo factual, nas relações civilizadas. Sem ter vergonha ou culpa. Trata-se, pois, de uma frente política dentro do mosaico da homossexualidade, fazendo de tudo para serem aceitos, assumindo até mesmo alianças com militantes da esquerda e da direita ideológicas.

O objetivo dos *queer* é ser considerados acima de seu comportamento sexual: o bom trabalhador, o bom soldado, o bom padre, o bom pai e, como diz Eric Laurent, "certamente o bom psicanalista" (2007).

Querem ser cidadãos respeitados e admirados por seus dotes morais e intelectuais, sem a pecha totalitária da desqualificação de seu desejo. Exigem reconhecimento e legitimidade iguais e simétricos aos dos héteros.

A IDEOLOGIA DE MARCEL PROUST. Porém (sempre há um porém), surgiu na França o partido dos que não querem esse tipo de tratamento e consideração elegantes. Buscam na leitura e na suposta posição ideológica de Marcel Proust a ideia de não se agruparem e muito menos serem identificados em guetos bem-comportados ou em nações com bandeiras.

Para esses ativistas proustianos, a característica fundamental da homossexualidade seria o reconhecer-se em uma "franco-maçonaria", por atravessar todas as classes sociais, todas as gerações e todas as etnias, podendo, cada um, manter-se secretamente no corpo social. O reconhecimento mútuo se daria por pequenos sinais e códigos de gestos, de olhar e de palavras. Para esse grupo, aí estaria a força do prazer homossexual: o segredo, a procura pelo inefável, a experiência estética, a linguagem anímica, a descoberta das repercussões afetivas, as inclinações sublatentes da amizade e até as relações fugazes.

Segundo André Maurois (1995), Proust, em seu *Em busca do tempo perdido*, aplicou sua prodigiosa inteligência na análise de todas as ilusões, dos sentidos, dos sentimentos e do raciocínio. Nesse roteiro, criou o personagem barão de Charlus, que manteria a ilusão de ter como companheiro de alcova um heterossexual – desejo responsável pelos fracassos afetivos dos homossexuais que sonham o impossível, pois até os prostitutos, com o seu fenótipo másculo, seriam arremedos de heterossexualidade. Na cama, as ficções se desvanecem, sobrando a realização de desejos e fantasias quando possível.

A TESE DE WALT WHITMAN. Em depoimento para a revista *Gay Sunshine* (1978), de São Francisco (Califórnia), o poeta da *beat generation* (1952) Allen Ginsberg descreveu a proposta de Walt Whitman – o poeta maldito – para um certo tipo de relacionamento homossexual válido para homens e mulheres (Leyland, 1980). Trata-se de "amor solidário", com amizade e interadmiração calorosas, doces, puras e duradouras; sem conotação sexual. Seria a "sexualidade lírica", com componentes de ternura, sensibilidade e expressões emocionais próprias do amor platônico. Também foi chamada de "estreita afeição" (*adhesiveness*), que Whitman expôs no poema "Calamus", em seu livro *Folhas de relva* (1876): um jeito de ser homossexual sem as perturbações da carne, sublimadas pelo amor recíproco, em que só o carinho dardeja.

GENDER FUCKING. Trata-se de uma proposta incipiente: não aceitar as identidades sexuais disciplinadas. "Fodam-se os gêneros." É um verdadeiro movimento anárquico, a negação da costura antiescândalo cerzida ao longo dos tempos. À medida que homossexuais, transexuais e outros atópicos vão encontrando seu lugar na aceitação social, o *gender fucking* chega para bagunçar o coreto propondo a marginalização dos excluídos da sexualidade normativa.

O lema é: "cada um que se vire" com suas fantasias e seus desejos. Não haverá perorações protecionistas, nem justificativas ditas científicas, nem blindagem de ordem moral. Estamos diante do existencial radicalizado. O que vale é o prazer da transgressão e a fascinação pelo mistério sexual. Não são aceitos quaisquer tipos de defesas elaboradas por moralistas bem-intencionados. Não se deseja a preocupação de estudiosos da sexualidade com esquematismos. Ninguém pede para ser compreendido, paparicado ou defendido, dirão os adeptos dessa visão rebelde. Não se quer simpatia, caridade ou piedade. Fodam-se.

QUAL A MELHOR DEFESA? Dessas, a melhor é aquela em que cada um possa elaborar seu *modus vivendi*, tendo consciência dos perigos das empreitadas de risco. Ter como companheiros indivíduos psicóticos, homofóbicos, sociopatas, perversos e/ou desequilibrados pode ser um jeito de procurar relações temerárias, de ser cúmplice dos próprios assassinos. Assim foi com Caravaggio e Pier Paolo Pasolini. No plano intelectivo social tem-se a história de Oscar Wilde, que deixou um depoimento brilhante e comovente de sua saga pessoal. A *Balada do cárcere de Reading* é uma catarse emotiva e nos dá a dimensão de sua fragilidade sem fazê-lo perder o brilho do escritor, do esteticista, do filósofo.

Todavia, não foi o vetor sexualidade que destruiu Wilde, e sim a paixão por Alfred Douglas, um jovem formoso, perdulário e mau-caráter. Não à toa a psiquiatria tem estudado as atrações entre personalidades histéricas e deliquenciais.

HOMOFOBIA NAS INSTITUIÇÕES PSI

O homossexual pode ser psicoterapeuta?

Eis uma pergunta provocativa. Teria ela ainda lugar em pleno século XXI? De qualquer maneira, porque também há resquícios preconceituosos entre os profissionais da área psi, estimular a reflexão é um empenho intelectual necessário e útil – e que serve a qualquer setor profissional.

O que se sabe é que qualquer candidato a trabalhar na área psi terá de construir uma personalidade íntegra, integrada e decidida. Sem medo. Cultivar a inteligência, a sensibilidade e a nobreza de caráter. Ao psicoterapeuta homossexual não se pede nada mais do que isso. Héteros e homossexuais, todos são iguais nessa tarefa profissional.

No movimento psicodramático nunca se teve notícia de algum posicionamento institucional que impedisse o homossexual de ser psicodramatista. Até pelos princípios morenianos – com aspectos essenciais da ética das relações humanas, da ética da inclusão, da ética do encontro – não se desconhece que o conflito permanente é universal entre os sentimentos do bem e do mal com toda a dialética dos contraditórios. Moreno desmistificou o papel do terapeuta, do coordenador de grupo, para colocar ênfase na participação de cada elemento do grupo, cada um servindo ao diagnóstico e à condição de agente terapêutico, sendo atribuída a todos a função agregadora, operativa e de eficiência simbólica da cura.

No estudo que se faz da obra de J. L. Moreno, há valores estabelecidos e, consequentemente, expectativas socioculturais, como o compromisso com a vida, o estímulo à espontaneidade e à criatividade, o estímulo ao desejo individual e o respeito às diferenças e à liberdade, conciliando o indivíduo e o grupo.

Entre os psicanalistas lacanianos, o tema "orientação sexual" não tem censura. A preocupação é com a prática perversa, vinda de onde vier: bi, hétero ou homossexuais. Em 1964, ao fundar a Escola Freudiana de Paris, Lacan abriu as portas da instituição para a formação de psicanalistas homossexuais, por ele considerados "neuróticos incomuns".

A International Psychoanalytical Association (IPA) foi acusada de reduto homofóbico porque, em 1921, liderado por Karl Abraham, o Comitê Diretor da instituição proibiu conceder aos homossexuais o direito de se formarem psicanalistas. Ernest Jones, biógrafo de Freud, declarou: "A homossexualidade é um crime repugnante que se um de nossos membros o cometesse cairíamos em grave descrédito".

Na época desses acontecimentos, Freud se colocou ao lado dos homossexuais, mobilizando contra si os nazistas, os comunistas, a Igreja Católica e os próprios psicanalistas que apoiaram Jones. Como cientista de boa cepa, não fazia julgamento, moral ou de valor, sobre o direcionamento da escolha (inconsciente) do objeto sexual. Defendia a ideia de que a competência do analista deveria ser o único critério para a aceitação do profissional. Um dos fundadores da Associação Psicanalítica de Berlim (1908), o médico psicanalista Dr. Magnus Hirschfeld, homossexual e estudioso da sexualidade humana, era citado nos escritos de Freud e por ele socialmente prestigiado. É de Freud a famosa carta à mãe de um homossexual, transcrita no final deste capítulo.

Como na história de jogar lixo debaixo do tapete, esses fatos foram sendo denegados, postergados e nem mesmo mais debatidos, até que a "regra silenciosa" foi quebrada por Ralph Roughton, analista pela Sociedade Psicanalítica de Cleveland, Estados Unidos, filiada à IPA. No Congresso Internacional de Psicanálise, em Barcelona, em 1997, declarou-se homossexual e defendeu a tese de liberação dos homossexuais para a prática da análise, com as exigências próprias e cabíveis a todos os candidatos a esse ofício.

Em 2002, o presidente da IPA, Daniel Widlöcher, introduziu uma política de tolerância e não discriminação aos homossexuais. Essas informações, encontrei-as em Elizabeth Roudinesco (2008). Não estou a par dos posicionamentos atuais. Há informações de que em revistas internacionais já podem ser encontrados trabalhos e depoimentos de psicanalistas homossexuais pertencentes aos quadros da IPA. Não tive acesso ao que pode ser visto como parte desse posicionamento contra a homofobia nas instituições.

SUBLIMAÇÃO

Foi Goethe quem introduziu na língua alemã o termo "sublimação", referindo- se a sentimentos humanos a serem aperfeiçoados em busca de motivações mais puras no modo de viver.

Na linguagem cotidiana, usamos o vocábulo "sublimação" com certa ingenuidade. Quando o conceito nos é ensinado nos tempos de colégio, acreditamos possa o demônio se tornar santo e o desejo sexual virar obra de arte. As coisas não são bem assim. Sublimação é de difícil teorização, áspera para descrever clinicamente e, acima de tudo, segundo alguns autores, nunca teria sido vista funcionando.

Basicamente, para haver sublimação será necessário que o instinto se dessexualize ou perca a agressividade e se subordine à disciplina do ego sem, entretanto, estar reprimido, e sim livre para a criação. Um assunto complicado a respeito do qual o método psicodramático apresenta *know-how* com suas vivências para a criatividade. J. L. Moreno trabalha com o conceito de espontaneidade desvinculado da libido, próximo do conceito bergsoniano de liberdade – com a qual se pretende que surja a expressão mais original de cada um. A espontaneidade permitiria a criatividade, e esta teria relação estreita com a sublimação, explorando a dinâmica pulsional do sujeito.

A verdadeira sublimação instalar-se-ia precocemente no momento mesmo das primeiras excitações sexuais; portanto, na infância, conforme estudo de Freud sobre Leonardo da Vinci.

Laplanche (1989) diz que a sublimação é uma das "cruzes" da psicanálise. Cruz no sentido de cruzamento e convergência de vários temas, e cruz no sentido mesmo das crucificações de antanho, impostas como flagelo. A trajetória de Freud nesse terreno estaria repleta de hesitações, e sua atitude não teria sido nada confiante, pois ele foi remetendo para o futuro a melhor compreensão da tese, não a alcançando, no entanto.

No *Vocabulário de psicanálise*, Laplanche e Pontalis (1976) assim a definem:

> Processo postulado por Freud para explicar atividades humanas aparentemente sem relação com a sexualidade, mas que encontraria sua origem na força da pulsão sexual. Freud descreveu como atividades de sublimação principalmente a atividade artística e a investigação intelectual. Diz-se que a pulsão foi sublimada na medida em que ela é desviada para uma nova meta não sexual e visa objetos socialmente valorizados.

Toda sublimação traduziria a capacidade do ego para usar os derivativos da pulsão (*Trieb*) na construção da cultura sofisticada. Em feliz analogia, a sublimação seria como usar uma queda d'água não para provocar erosões do solo, mas para gerar energia elétrica que, por sua vez, seria geradora de imagem e música.

A sublimação seria a base da autorrealização, da autoestima e de tudo que possa caracterizar a excelência da espécie humana, mesmo considerando o horizonte utópico.

Vínculos afetivos como os da ternura, da camaradagem, da amizade, sem objeto sexual, apontam para a sublimação como relações humanas. Interesses humanitários, amor universal, inspiração artística, obra literária, sem repressão, apontam para a sublimação como criatividade. Por fim, a sublimação não negaria o sexo (hétero ou homossexual) em sua naturalidade, mas o protegeria das ameaças da perversão e da promiscuidade.

O TRATAMENTO QUANDO NECESSÁRIO

Quando o paciente nos diz algo sobre sua sexualidade, podemos incidir no erro de supor saber tudo sobre aquele que nos fala. Não é verdade. Não sabemos nada. Do paciente desconhecemos tudo, até o momento em que ele nos municie de dados sobre a sua particularidade. Trata-se de um saber *a posteriori*. Cada um fará a sexualidade conforme sua singularidade. O que aprendemos em nossos estudos acadêmicos e na prática clínica servirá apenas como mapa ou bússola, pois o caminho a ser reconhecido é especial para cada qual e cheio de surpresas, inclusive a pedra.

Evito usar o termo "interpretação" por julgá-lo ultrapassado. Estou em boa companhia. Octave Mannoni insiste que só é interpretação a fala que permite revelar o "sentido enganador" ligado especificamente ao sonho.

Qualquer tratamento objetiva o crescimento emocional do paciente para que ele possa exercer com maturidade social a vida adulta, e para pacientes "sem doença" pesquisaremos as reparações (passado) e a realização de desejos (futuro) sempre no factual e no imaginário (presente).

Freud ajudava o paciente a reconstruir sua história, clareando os pontos cegos do romance pessoal de cada um. Lacan dava ao acontecimento da "escuta", já existente em Freud, um estatuto novo e promissor. Aí instalar-se-ia o "diálogo terapêutico", sem pretensões de cura médica, porém com a virtude de oferecer "tratamento". Jacob Levy Moreno oferece a dinâmica grupal para atingir, da mesma maneira, o que é existencial, a ser burilado e enriquecido pelas inter--relações dentro e fora do grupo terapêutico.

Com exceção das cirurgias indicadas para hermafroditas biológicos, da plástica da genitália preconizada para os transexuais verdadeiros e das psicoterapias propostas para a superação dos casos de "falso self sexual", a sexualidade identificada na estrutura da personalidade não se beneficiaria de intervenções clínicas, farmacológicas, psicanalíticas e psicodramáticas nem de terapias de inspiração pavloviana. Todo esforço de tratamento resume-se em transformar o egodistônico em egossintônico, tendo como objetivo a superação da angústia e dos conflitos subjacentes.

Sempre os homossexuais serão ouvidos em sua experiência vital, sem qualquer diagnóstico estigmatizante. O psicoterapeuta homofóbico não será um bom ouvinte. Lacan nos ensina que todo tratamento psicoterápico, para ser efetivo, tem de ser trabalhado na dimensão simbólica – dimensão exclusiva do ser humano. Por sugestão de Moreno, no grupo psicodramático, o momento terapêutico ocorre na fase do *role-taking*, expressão do simbólico. A construção pela fala ou pela dramatização buscará a história do paciente, com a intenção de encontrar o sujeito[8] esquecido, simplesmente ignorado ou que nunca desejou ser lembrado.

Em 1982, o psicólogo Alan Malyon, nos Estados Unidos, criou o movimento Gay affirmative therapy, com a intenção de tratar homossexuais sem empecilhos homofóbicos. O psicólogo Klecius Borges, em seu livro *Terapia afirmativa* (2009), trata do tema de forma muito clara e com muita ética. Recomendo a todos da área psi.

Por senso de justiça, devemos registrar o trabalho de Ronaldo Pamplona da Costa, que desde o início dos anos 1970 tem idêntica proposta, exercitada com maestria e sucesso com os instrumentos psicodramáticos. Uma iniciativa brasileira.

No caso dos desvios pulsionais explicitados de alguma maneira durante a psicoterapia de grupo, são tratados as angústias, os conflitos

8 O sujeito aqui está não no sentido cartesiano, e sim como quis Lacan, baseando--se em Freud: o que se explicita vindo do inconsciente.

e, particularmente, a homofobia internalizada, isto é, do próprio paciente. Tal tratamento é feito por meio do psicodrama. Para a homofobia social, são utilizados a sociometria e o sociodrama.

O isolamento social – em razão da homofobia existente no próprio paciente somada à homofobia da sociedade – é um dos pontos a ser trabalhados pelos jogos sociométricos, com resultados criativos.

Para o tema “terapia com casais do mesmo sexo”, remeto o leitor ao capítulo de mesmo nome, de Maria Regina Castanho França, no livro *Laços amorosos* (2004). Sobre esse trabalho da Regina, tive já a oportunidade de dizer, em resenha na *Revista Brasileira de Psicanálise* (v. 12, n. 2, 2004): “A sutileza na troca dos termos ‘casais homossexuais’ para “casais do mesmo sexo’ consegue vigorosa mudança na forma de tratar o assunto, contribuindo para se esmaecer, entre os profissionais da área, a carga de preconceitos, a homofobia e, também, o ódio presente em corações mais primitivos”. Realmente, trata-se de um texto primoroso produzido pela autora com base em sua experiência clínica. Regina França recebeu o primeiro casal de mesmo sexo para tratamento em seu consultório em 1983. Ela, que até então militava com casais heterossexuais, viu-se diante de uma nova realidade. Com seus estudos e sua sensibilidade, pôde estabelecer protocolos úteis à especificidade da demanda e, assim, ser reconhecida profissionalmente nessa tarefa pioneira.

O movimento bascular hétero > homo / homo > hétero pode ocorrer em indivíduos nos quais a identificação sexual oscila entre o amor ao pai (da infância) e o amor ao amigo (da adolescência). Esse fenômeno deve ser tratado cuidadosamente para não precipitar uma definição fora de hora do *status* comportamental.

Delicado também é o tratamento de pessoas com suposto “inconsciente homossexual” sem comportamento correlato no plano consciente. Se a interpretação selvagem é eticamente condenada, nesse caso o acontecido toma vulto de uma tragédia interpretativa.

FRAGMENTOS DA MINHA CLÍNICA

A gonorreia, doença genitossexual muito comum nas décadas passadas, era tratada com antibióticos e massagens da próstata, de modo a expelir o foco infeccioso das prostatites. Coube a mim, certa vez, tratar de um caso de repercussão psíquica desse tipo de tratamento urológico.

O paciente passara a sentir intenso prazer ao ter as zonas erógenas do ânus massageadas. Mesmo depois de curado da infecção, pedia ao seu médico a continuação das massagens. O colega encaminhou-o para tratamento psicoterápico, com a hipótese de que aquelas sessões de toques prostáticos pudessem ter-lhe despertado possível homossexualidade latente.

Algum tempo de psicoterapia possibilitou dessensibilizar aquela "fixação" anal; o paciente perdeu o interesse pela prática e pôde ter aquietada a tensão da delicada região. Inúmeras hipóteses podem ser e foram levantadas, e as fantasias homossexuais poderiam ser incentivadas se não trabalhássemos com a tese de uma existência real da hipersensibilidade erógena da região, a ser compreendida como expressão fisiológica natural do corpo humano. "Um bocado de erotismo anal é, sim, carreado para investimento no pênis" (Freud, 1933/2010).

***

Jovem com 23 anos, bem situado socialmente, iniciado nos estudos universitários, procura tratamento por apresentar um "vício obsessivo" de prazer e angústia. Toda vez que se via excitado por figuras atrativas de jovens mulheres, masturbava-se, discretamente, até o orgasmo, em qualquer lugar em que estivesse.

O entendimento de sua história de vida é complexo. Não cabe aqui. Porém, creio que a oportunidade de confiá-lo a um profissional permitiu mudanças em sua dinâmica psíquica.

A psicoterapia, durante três anos, atingiu aquilo que era sintomático. Tendo oportunidade de falar de sua vida familiar, social e sexual, foi sentindo um arrefecimento daquele núcleo patógeno até se declarar sintomaticamente "curado", podendo dar aos seus interesses sexuais uma definição amadurecida para a relação amorosa.

***

Homem de 65 anos, casado há 40 anos com mulher da mesma idade, sem filhos. De formação religiosa católica, procura-me com a história de um comportamento assim relatado: já há algum tempo, criara um jogo erótico em que num dos bolsos da sua calça eram colocadas várias moedas, de vários tamanhos. Então ele propunha a um grupo de meninas da relação familiar, de 8 anos mais ou menos, que procurassem no bolso a menor moeda; em conseguindo, a criança vitoriosa seria premiada com a moeda de maior valor. Se as crianças percebiam ou não a tramoia, ou se cumpliciavam com ele, o paciente dizia não saber. Sabia, sim, que tinha ereção e ia para casa se masturbar.

Todo o arsenal de penitências, confissões e orações não o afastavam da brincadeira. Mas, a cada dia que passava, maior era sua angústia, e já caminhava para uma depressão. Propus a ele conversarmos sobre o livro *Alice no País das Maravilhas*, ampliando o diálogo para o conhecimento da vida de seu autor Lewis Carroll, não sem antes aconselhá-lo a se afastar daquelas meninas (no que me atendeu).

"Tudo o que fazemos em nosso trabalho de analistas exige nos colocar do lado da vida e da esperança. Saber como e quando dar uma orientação firme, um conselho eficaz, faz parte da arte da psicoterapia" (Frances Tustin, psicanalista francesa, 1990).

Como todos podem saber, Lewis Carroll era professor de matemática e dedicava-se aos estudos da lógica. De outro lado, era escritor de fantasias, poeta e ingênuo sonhador. E sua escrupulosa inclinação por meninas púberes é do conhecimento de quem se dedica à literatura e, particularmente, à sua literatura.

Dentro do tempo terapêutico, nossos papos foram longos e proveitosos. Em nenhum momento fiz analogias óbvias. Depois de mais ou menos um ano, o paciente vivia de forma serena, afastara-se de seu infantilismo sexual e se propunha a começar a escrever contos infantis. Tenho notícias de que está bem, mas ainda não recebi os contos prometidos.

***

Paciente de 35 anos, homossexual "assumido" desde os 20 anos, com atividade sexual sem dissipações, ansiedades típicas de quem vive numa sociedade repressora, procurou a psicoterapia para "descobrir" por que se tornara homossexual.

Durante o tratamento, perfilou todas as teorias que conhecera sobre o tema, tentando enquadrar-se em uma delas. Intrigava-o não ter nenhum desejo de ser mulher. Nada do mundo feminino lhe apetecia. Suas atividades e participações sociais eram sempre dentro do mundo masculino, mesmo mantendo sua homossexualidade.

Por algum tempo, integrou-se bem ao processo psicoterapêutico. Sendo profissional com curso universitário, fazia catarses sentimentais e estéticas com prazer e aproveitamento. Certa vez, recordando a infância – cenas já contadas várias vezes –, deu-se conta de que fora estuprado aos 9 anos. Não que desconhecesse essa lembrança, porém chamou de grande descoberta a "ficha que caiu": fora estuprado.

Algum tempo depois, despediu-se agradecido. A palavra "estupro" fora-lhe mágica.

***

Durante meu estágio na clínica urológica da faculdade de medicina onde me formei (UFMG), pude acompanhar um interessante caso de hermafroditismo biológico. Vou contar a história.

R estava com 17 anos e viera para ser noviça de uma congregação de irmãs religiosas. De repente, R começou, no banho das noviças, a agarrar uma ou outra, se esfregando como a desejar um ato sexual.

Depois do escândalo, R foi levada a um psiquiatra da faculdade, o qual recomendou iniciar o estudo diagnóstico com um exame ginecológico.

Daí a surpresa. R era homem. Hermafrodita. Por todos esses 17 anos, fora educado como menina. Quando a carga hormonal do macho chegou a limites ótimos, seu tesão por mulheres aflorou. Falou mais alto a natureza.

Acompanhei, na condição de auxiliar, todos os procedimentos cirúrgicos feitos pelos urologistas do Hospital São Vicente. Com habilidade de cirurgiões plásticos, os profissionais do bisturi recompuseram toda a genitália de R, rebaixando os testículos que estavam no baixo abdome e reconstruindo o pênis.

R passou a ser funcionário do hospital e por muitas vezes encontrei-me com ele, todo empertigado, voz viril e informando estar muito bem ao ter reconquistado seu sexo verdadeiro.

ROTEIRO PARA O ENTENDIMENTO DE ALGUNS CAMINHOS PULSIONAIS PRÓPRIOS DA CULTURA OCIDENTAL

(Este roteiro, apresentei-o no XVII Congresso Brasileiro de Psicodrama, em 2010, em Águas de Lindoia (SP), como introdução a um trabalho de supervisão (*role-playing*) da sexualidade na tarefa psicodramática).

1 - Heterossexualidades

É o que se sabe.

2 - Homossexualidades

Escolhas objetais inconscientes e enigmáticas.

- Homossexualidade masculina (gays).
- Homossexualidade feminina (lésbicas).
- Equivalentes homossexuais (conflitos e fantasias).
- Os guetos.
- A nação *queer.*
- A ideologia de Marcel Proust.
- A tese de Walt Whitman.
- O *gender funcking.*

3 - Bissexualidades/Ambiguidades

Biológicas: hermafroditismo.
Psicológicas: bissexualidade (fantasias).
Sociais: pseudo-homossexualidade.
Complexo ou paradoxo de Tirésias.
Inadaptação à comunidade de gênero.
Insegurança emocional (fobia social?).

4 - Definições do corpo e além do corpo

Transexualidade.
Travestismo e congêneres (*drag queens*, *cross-dressers*, transformistas).
Travestismo exibicionista e travestismo identificatório.
Bulimia e anorexia (o fundo é sexual).
Maneirismos (trejeitos viris e feminis)[9].
Emossexuais (modismo).
Metrossexuais (modismo).

5 - Parafilias

As parafilias reúnem os comportamentos em que os impulsos sexuais estejam inspirados em fantasias e desejos, e também em função do imaginário exótico e bizarro. As formas mais candentes caracterizam-se por um caráter rígido, impulsivo e obsessivo, impeditivo das opções de liberdade. O parafílico, estimulado pela inspiração fantasiosa, necessita encontrar parcerias solidárias para as suas aventuras. Nos casos de desrespeito e agressão, ele será incluído no capítulo das perversões.

- Devaneios eróticos (preliminares).
- Uso de *piercings* em órgãos sexuais.
- Autoerotização (masturbação).

9 Maneirismo refere-se a período estilístico nas artes, que remonta ao século XVI, na Itália. Quando diz respeito a pessoas, indica: polidez, artificialismo, afetação, sofisticação, graciosidade e estilo de comportamento social.

- Travessuras eróticas (sadomasoquismo menor).
- Fetichismos.
- *Felatio* (felação).
- Anilíngua.
- Sodomia.
- Travestismo lúdico (carnaval, alcova, teatro).
- Gerontofilia.
- Efebofilia.

6 – Perversões

As perversões incluem as práticas sexuais nas quais o elemento erógeno está ligado a situações de danos físicos ou morais a terceiros, ou criadoras de um escândalo social. Vão das falas maledicentes e maldosas ao assassinato, passando pelos diferentes atos de crueldade. São estudadas na psiquiatria forense como delito criminal em que a vítima apresenta-se dominada com frieza pelo delinquente agressor. Nesses casos, o perverso tem consciência do seu ato criminoso, exercitado com requinte. Deverá ser cuidado com os recursos da Justiça. Fora desse patamar médico-legal, permanecem os *actings* praticados por deficientes mentais, dementes cerebrais, pessoas em surto psicótico e aqueles tomados por estados crepusculares, que serão tratados pela medicina.

- Sadomasoquismo.
- Torturas sexuais.
- Castração física.
- *Serial killers.*
- Passagem ao ato (abuso impulsivo).
- Crueldade moral (sedução com má intenção).
- Necrofilia real.
- Necrofilia simbólica.
- Práticas escatológicas.
- Zoofilia.
- Assédio moral.

- Autoflagelação.
- Crimes passionais.
- Ligações perigosas.
- Amor libertino.
- Frotamento ou frotteurismo.
- Exibicionismo/escopofilia.

7 - Acontecimentos psicóticos

- O "empuxo à mulher".
- Paixão/ciúme intratáveis.
- Erotomania.
- Delírios e alucinações.

8 - Práticas anticivilizatórias graves

- Incesto.
- Pedofilia.
- Estupro (violação).

9 - Temas para debates

- Histeria masculina - D. Juan.
- Histeria feminina - ninfomania.
- Compulsão à infidelidade.
- Promiscuidade - prostituição - delinquência.
- Celibato / *no sex* / moral sexofóbica.
- Orgias (surubas) / *swing*.
- Pornografia.
- Tatuagens (expressão sexual).
- Paixão por delinquentes e síndrome de Estocolmo.
- O falso self sexual.
- Turismo sexual.
- Transtornos biopsíquicos:

- Ejaculação precoce.
- Impotência.
- Depressão sazonal.

10 – Sublimação

A sublimação poderá ser alcançada pela fruição dos prazeres estéticos – produções artísticas, criações intelectuais –, pela dedicação às ciências, à religiosidade e ao trabalho, podendo-se agregar ainda o interesse pelos esportes, a participação em movimentos político-humanitários e o contato amorável com a natureza.

CARTA DE FREUD À MÃE DE UM HOMOSSEXUAL[10]

Prezada senhora,

Deduzo de sua carta que seu filho é homossexual. Estou especialmente impressionado com o fato de a senhora não ter mencionado esse termo em seu relato sobre seu filho. Posso perguntar-lhe por que o evitou? A homossexualidade seguramente não é uma vantagem, mas não é nada vergonhoso, não é um vício, não é uma degradação, não pode ser classificada como uma doença; nós a consideramos uma variação da função sexual produzida por um certo bloqueio no desenvolvimento sexual. Muitos indivíduos altamente respeitáveis na antiguidade, e também nos dias de hoje, foram homossexuais; muitos homens notáveis de sua época (Platão, Michelangelo, Leonardo da Vinci). É uma grande injustiça e crueldade a perseguição da homossexualidade como um crime. Se você não acredita em mim, leia os livros de Havelock Ellis.

Ao perguntar-me se eu poderia ajudar, suponho que você quer saber se posso abolir a homossexualidade e colocar a heterossexuali-

10 Texto retirado de Ernest Jones, *A vida e obra de Sigmund Freud* (1989).

dade normal em seu lugar. A resposta é que, de uma maneira geral, não podemos prometer conseguir isso. Em certos casos, temos sucesso em desenvolver as incipientes tendências heterossexuais que estão presentes em todos os homossexuais, mas na maior parte dos casos isso não é mais possível. Depende das características e da idade do indivíduo. O resultado do tratamento não pode ser previsto.

O que a análise pode fazer por seu filho segue em outra direção. Se ele é infeliz, neurótico, torturado por conflitos, inibido em sua vida social, a análise pode lhe trazer harmonia, paz de espírito, completo desenvolvimento de suas potencialidades, continue ou não homossexual.

Se você decidir que ele deve fazer análise comigo – e eu não espero que isso aconteça –, ele deverá vir a Viena. Não tenho intenção de mudar-me. De qualquer forma, não deixe de me responder.

Sinceramente,
Desejo-lhe boa sorte,
Freud

P.S. Não achei difícil ler sua letra. Espero que você não ache minha letra e meu inglês uma tarefa mais difícil.

2
PSICODRAMA: Paradigma para grupos[11]

Sei que não se começa a escrever quando não se tem
nada mais do que isso a dizer. Escrevi, entretanto, e escreverei
ainda outras coisas sobre o mesmo assunto.
ANDRÉ GIDE, *Os frutos da terra*

Ao sabor do momento, da inspiração e da necessidade, o vocábulo "paradigma" tem sido utilizado com as mais variadas aproximações: padrão, modelo, escola, estilo, método, técnica, parâmetro, teoria, organização, sistema, tese, modo de ver e pensar as coisas etc. Ferdinand de Saussure foi seu padrinho, na linguística.

A partir da obra polêmica de Thomas S. Kuhn, *A estrutura das revoluções científicas* (1971), a palavra adquiriu um sentido específico, restrito, direcionado.

As críticas às ideias de Kuhn foram muito fortes, e a definição passou a ser usada com cuidados – e, quando não, só parcialmente. O formalismo dos critérios, o detalhamento obsessivo para se chegar à conclusão, as muitas incongruências entre teoria e prática postas em seu caminho, uma declarada exaltação subjetivista, o estilo prolixo e difícil, tudo isso comprometeu o conceito.

Hoje, de Kuhn, ficam dois sentidos básicos: paradigma caracterizaria uma revolução no modo de ver e pensar sobre as coisas, mais do

11 Texto adaptado do capítulo "O lugar do psicodrama", publicado inicialmente em *Rosa dos ventos da teoria do psicodrama*, livro coordenado por Silvia Regina Antunes Petrilli, São Paulo, Ágora, 1994.

que qualquer mudança no *continuum* de uma ciência; caracterizaria, ainda, os princípios compartilhados por uma comunidade científica que pensa junto, sendo esse seu aspecto mais original.

Para clarificar a ideia, é preciso dizer que o paradigma se configura como tal a partir do momento propício para elaborar e solucionar uma situação de crise na ciência correspondente.

Crise é precondição para o acontecimento do novo se estabelecer. Todavia, é preciso compreender que o novo pode se instalar sobre uma ciência ainda pouco estruturada, ainda sem mecanismos até mesmo para sofrer uma crise. Dizendo de outra maneira, algumas ciências teriam a crise no fato mesmo de estarem nos primeiros passos, nos rudimentos, procurando espaço para iniciar e progredir.

Às vezes, as mudanças dos paradigmas se fazem sobre situações aparentemente sem rupturas. Por exemplo, a introdução da medicina preventiva no plano de assistência à saúde de uma comunidade não tem o estrondo e o brilho da famosa equação einsteiniana (vale o jogo de palavras), mas promove, lenta e progressivamente, uma transformação cultural de hábitos e atitudes diante da doença.

A crise se coloca quando os instrumentos teóricos inexistem ou não são mais capazes de dar conta das exigências da prática e deixam de funcionar na propedêutica dos fenômenos que lhes são próprios ou que estão sendo apropriados.

No seu tempo de vida útil, o modelo paradigmático passa por questionamentos, contradições, pesquisas e produções, conseguindo, apesar disso, manter o essencial do espírito que o criou e o estabeleceu. A esses movimentos de inquietude e experimentações, quando relativamente organizados e com um mínimo de disciplina, chamamos Escola.

A Escola é a "matriz disciplinar". Mantém a alma do paradigma, desenvolvendo de forma peculiar os termos nele considerados mais expressivos e escolhidos para vir a constituí-la. Aí, problematizam-se as questões, questionam-se as leis, são oferecidas oportunidades para fazer e pensar sobre o feito.

O paradigma é, pois, constitutivo das escolas e elas, por sua vez, são por ele constituídas. Uma circularidade não viciosa, porque aberta à criatividade.

Escolas diferentes em paradigmas podem trabalhar, concomitantemente, em questões idênticas. Um mesmo paradigma pode oferecer, às várias escolas, regras diferentes, em situações diversas, para fenômenos iguais ou distintos. Um mesmo fenômeno, de qualquer ordem que seja, poderá receber a atenção de vários paradigmas e de diversas escolas. Uma escola pode fazer uso de elementos de outros paradigmas, desde que o faça sem perder a articulação com o paradigma original preponderante, assim construindo-se.

É interessante acompanhar o perfil dado por Kuhn ao líder do novo modelo. Geralmente, o criador inaugura a ideia num momento mágico, intuitivo, iluminado, e pode fazê-lo literalmente num sonho ou num devaneio. Quase sempre é pessoa jovem, novato no campo que passa a perfilar, sem comprometimento com a "ciência normal", com pouca prática dessa ciência, incapaz de se prender às regras estabelecidas, por intuir que elas não mais conseguem definir o jogo e nem podem levá-lo adiante. Por sua história de vida, Moreno é exemplo correto dessa proposição. Todavia, algumas escolas se estabelecem sem a presença do líder carismático, pois são fruto de um conjunto de cabeças pensantes perdidas no anonimato.

Quando o paradigma se apresenta como o mais pertinente?

A resposta, meramente esboçada, diz: ele se impõe pela forma como surgiu a "fonte de autoridade" de seu autor, pela credibilidade de suas premissas, conclusões e aplicações, pela capacidade de seus expositores e defensores em fazê-lo, pela competência e pela ética de seus profissionais, pela validade da prática, pela configuração vinda de outras fontes, pelos benefícios oferecidos à humanidade, aos pequenos grupos sociais e ao indivíduo, pela crença despertada e pela fé que empolga, pela disposição da comunidade intelectual em experienciá-lo e pelo entusiasmo dos que o acolhem.

Veja-se nisso um amplo, lento e gradativo trajeto histórico nas conquistas degrau a degrau ao longo dos tempos.

Das colocações de Kuhn ficaremos apenas com a ideia predominante entre os vários estudiosos do conhecimento e da metodologia científica: paradigma é o modo novo de ver e pensar as coisas, consistindo em importante e significativa mudança compartilhada por uma comunidade científica que pensa junto sobre a matéria a seus cuidados.

Para isso, buscam-se coerência e consistência na formulação das várias ciências paradigmáticas e de seus estilos. Esse é o desafio.

Coerência e consistência, tão decantadas, deverão ser vistas na prática (*lato sensu*), na práxis (no sentido sócio-político-cultural) e na clínica (referindo-se, particularmente, à medicina e às ciências psíquicas).

A partir daí, são propostas certas regras normativas e algumas premissas identificatórias, o que geralmente ocorre pelo preenchimento dos seguintes quesitos paradigmáticos:

- objeto de estudo;
- método inspiracional;
- técnicas de execução;
- teoria para reflexão;
- princípio de verificabilidade/refutabilidade;
- utopia para sonhar.

Veremos como isso ocorre na disciplina psicodramática, mais à frente. Por ora, gostaria de citar alguns paradigmas relatados na literatura como exemplos destacados e inequívocos:

- a concepção heliocêntrica de Copérnico;
- as leis universais do movimento de Newton;
- a tese da origem das espécies de Darwin;
- a teoria do socialismo científico de Marx;
- as descobertas microbianas de Pasteur;
- a crítica à civilização de Nietzsche;
- a relatividade quântica de Einstein;
- o paradigma linguístico de Saussure;
- a contribuição às ciências psíquicas de Freud.

Em seguida, gostaria de sustentar a criação da teoria socionômica de J. L. Moreno como um paradigma da "era dos grupos", o que pode ser feito pelo viés da descoberta sociométrica.

OBJETO DE ESTUDO

Num certo período da história das disciplinas sociais e psicológicas, nos anos 1930, nos Estados Unidos da América, Jacob Levy Moreno, com interessante currículo de participação sociogrupal iniciada na juventude austríaca, ganha duas oportunidades excepcionais. A primeira foi a permissão para trabalhar na penitenciária de Sing Sing (estado de Nova York), onde produziu o trabalho apresentado no Colóquio Terapêutico, patrocinado pela Associação Americana de Psiquiatria, ali recebendo, do dr. William Alanson White, o título de "criador da psicoterapia de grupo" (31 de maio de 1932). A segunda foi o convite para realizar a tarefa de pesquisa e reeducação psicossocial num internato de moças delinquentes da cidade de Hudson, donde escreveria o livro *Quem sobreviverá?* (1934), sua criação sociométrica.

Na primeira oportunidade, Moreno propunha estudar, em função da participação no pequeno grupo social, os detidos naquele cárcere. Ele queria superar a dicotomia indivíduo isolado *versus* massa indisciplinada, num esforço para unir o individual, o biológico e o psicológico, visando transformar a prisão em "comunidade coerente, integrada e socializada".

Estava claro para ele que as pessoas não vivem de forma exclusivamente individual, mas também não vivem atreladas à multidão; a personalidade se forma e interage no jogo dinâmico das atrações e rejeições, dos confrontamentos e dos resgates afetivo-emocionais, nos pequenos grupos sociais.

Na segunda oportunidade, a aplicação da dinâmica afetiva de atrações, repulsões e neutralidades, no seio da comunidade de Hudson, permitiria a previsão de um certo modelo de comportamento de suas alunas, oferecendo chances para rearranjos essenciais ao bom funcionamento da instituição. A tarefa realizada era, num primeiro momento, numa primeira visada, de "escandaloso" cunho adaptativo, aparentemente comportamental, mas com um sutil e definitivo detalhe: procurava-se dar às reeducandas a oportunidade de se descobrirem no plano afetivo-emocional das interações humanas.

Em ambas as situações, tratava-se de um modo novo de ver e pensar sobre as relações interpessoais, em que a análise individual e subjetiva era superada em direção à análise grupal, objetiva, sociopsicológica.

Numa sociedade e numa época em que as psicoterapias centravam-se no indivíduo, a proposta de aplicá-la às inter-relações que conformam os grupos foi *importante e significativa revolução*. Revolução que tem sido *compartilhada por uma comunidade que pensa junto* e que, expressivamente, se constitui no movimento psicodramático.

Assim se estabeleceu o *objeto de estudo* do psicodrama: as relações interpessoais, com a sociometria correspondente.

O sentido dessas relações não pode, porém, ser confundido com o entendimento superficial do que se convencionou chamar, sob a égide do pragmatismo norte-americano, de "relações públicas", "relações pessoais" ou "relações humanas".

Para o criador do psicodrama, esse estudo se funda no conceito filosófico do Encontro – categoria essencial e nuclear da fenomenologia existencial –, e sobre o tema foram gerados inspirados escritos poéticos, entre os quais se destaca o "Convite ao Encontro".

Mas Moreno, sabemos, não era só filósofo ou poeta, era também homem de ciência: deu um valor teórico ao termo para ser usado nas observações sociopsicológicas, criando o conceito de tele e, depois, como homem de ação, forneceu à teoria do fator tele uma prática: a técnica de inversão de papéis.

Encontro, tele e inversão de papéis estão intimamente relacionados, constituindo-se em pilar teórico-prático do psicodrama.

O fato é que há uma tendência no sentido de deixar de privilegiar os termos "transferência" e "contratransferência", substituindo-os, na prática, pelo de "vivência relacional". Possamos, os psicodramatistas, dar a contribuição de nosso *know-how* e de nossa habilidade a questão assim tão sensível para as psicoterapias sem, no entanto, perder de vista o debate teórico amplo que permanece entre as várias correntes de pensamento na área psi.

O MÉTODO INSPIRACIONAL

O *método inspiracional do psicodrama* está relacionado com o método fenomenológico-existencial, no que toca à sua atitude fundamental: sujeito e objeto são inseparáveis pelo dinamismo intencional, pela chamada intencionalidade.

Método, sabemos todos, é caminho, modo de se movimentar, jeito, estilo e inspiração. Ele permite a harmoniosa convivência entre poesia e técnica, filosofia e ciência, sonho e teoria.

Como o método fenomenológico-existencial, o método do psicodrama é dinâmico, dialético, dialógico, sempre em "vir a ser", sem pressupostos, sem prejulgamentos e sem preconceitos, abrindo-se com a presença do sujeito em situação, situação relacional.

É intuitivo, intersubjetivo, espontâneo e criativo.

Por tudo isso, psicodrama é psicoterapia aberta.

TÉCNICAS DE EXECUÇÃO

Quanto às técnicas de execução, nós as conhecemos à exaustão. Com muita felicidade, Regina Fourneaut Monteiro (1998) reuniu, em livro esclarecedor, as técnicas originalmente propostas por Moreno – técnicas fundantes da própria disciplina psicodramática. Organizou os capítulos do livro de modo a identificar as técnicas históricas, as técnicas básicas e outras. Deu significativo e merecido destaque ao teste sociométrico, sendo ele, ao nosso modo de ver, o fulcro das operações sociopsicodramáticas – seja em seu modo de fazer medidas, seja ao apreciar a dinâmica subjacente das relações humanas em certo contexto.

O uso do teste, de início, é reservado aos grupos sociais; é técnica predominantemente grupal, caracterizando, assim, o quesito paradigmático.

E não nos esqueçamos do teatro da improvisação e de outros procedimentos dele derivados que, de alguma forma, dão o sentido da ação.

O método é estratégia, as técnicas são táticas.

TEORIA PARA A REFLEXÃO

Para a *reflexão teórica*, o psicodrama tem uma série de teorias, entre as quais sobressaem a teoria ação-espontaneidade-criatividade, a teoria do momento e a teoria dos papéis, compondo a tríade necessária.

Em que pese o valor de todas elas, gosto particularmente de destacar a teoria do momento, que transforma a realidade do tempo no instante.

Propondo "concretizar" o instante do tempo vivido, Moreno o faz do ponto de vista fenomenológico (o subjetivo objetivado), agregando-o ao ato criador, chamando-o de "tempo espontâneo" ou "estrutura primária do tempo".

O tempo assim vivenciado determinaria a Existência, e esta seria "relação", presença do outro, criação em coexperiência, plenitude vital do corpo e do espírito.

Toda magia e toda concretude, a realidade e seu real, a expressão dramática e seu *insight*, a catarse de integração e sua "cura" estariam no tempo psicodramático, privilegiado pelo *status nascendi* – pedra angular do edifício moreniano.

É nesse lapso de tempo dramatizado que pensamento, sentimento e ação se transformam em uma mesma e única atividade, fundidos à imagem do espaço-tempo-energia da física, para promover os desvelamentos e as compreensões. Muito semelhante, também, ao "instante imobilizado" de Bachelard, no qual se fixa a unidade poética do Ser, que se explicita por meio da criação.

Na teoria do momento, especificamente, está a formidável confraternização entre o psicodrama e o método fenomenológico-existencial, com o *hic et nunc* que abre os mundos interno e relacional para as transformações e mudanças. Naquele instante (por meio do desempenho de papéis), afetos, sentimentos e emoções (conscientes, inconscientes e coinconscientes) abrem-se para o *insight*, para a reparação e para o mundo novo da catarse de integração, em suas várias formas de andamento clínico: revolutiva, resolutiva e evolutiva. No capítulo "A catarse de integração", exporei o tema das catarses.

PRINCÍPIO DA VERIFICABILIDADE / REFUTABILIDADE

Para responder ao quesito do *princípio da verificabilidade*, começaria por dizer que essa é uma propositura dos "positivistas", competente para atender tão só às ciências físicas – mesmo assim, na era anterior às descobertas quânticas.

Atualmente, a proposta que mais atende às exigências das ciências psíquicas, humanas e comportamentais é o *princípio da refutabilidade* esquematizado por Karl Popper. Ainda que a autoridade desse pensador tenha declinado depois de sua morte, são dele as ideias que mais servem à área sociopsicológica.

Para Popper, toda teoria deveria ser provada diante de fatos concretos, e não teóricos. E ele complementa, ainda, com um ineditismo: propõe que a teoria deva ser "testada negativamente"; ou seja, ela deve ser refutada pela experiência de tal maneira que seja possível provar em quais aspectos ela é passível de estar falsificada.

Então, só seria ciência, do seu ponto de vista, aquela que tivesse valores probabilísticos, numa constante e renhida luta para deixar de ser provisória, nunca o conseguindo, com a possibilidade, sempre presente, de possuir enunciados falsos.

Qualquer capacidade de se definir de modo cabal daria à ciência o *status* de dogma, passando, então, para o terreno da metafísica. Ouvi alguém dizer, no decorrer de um Seminário de Teoria do Psicodrama: "A ciência que se acaba, acaba".

Para Popper, a ciência nos daria alguns dados empíricos, da prática, e, tomando-os como base, teríamos de construir um grau de confiança preferencial, pois ela não poderia ser comprovada ou confirmada como verdade última. Com base nessa visão, toda ciência seria sempre hipotética e conjectural.

Quanto mais rica de informações e pretensiosa de proposições, mais a teoria a respeito de determinada realidade ofereceria "material" para ser testado e, assim sendo, maiores seriam as oportunidades de aparecimento de falsificações e consequentes refutações. Dizendo de outra forma: a teoria mais resistente a falsidades e enganos seria a menos verdadeira.

Argumentação semelhante à desses autores encontramo-la na correspondência existente entre o método psicodramático e o método fenomenológico-existencial, para o que remeto os interessados ao meu livro *Psicoterapia aberta – O método do psicodrama, a fenomenologia e a psicanálise* (2006).

Para atender ao presente quesito, J. L. Moreno propõe a figura do "investigador participante" que cuidará de estar dentro do grupo para conhecê-lo, participando de suas transformações e mudanças. Não como um "agente secreto", mas no duplo e transparente papel de investigador social e participante grupal – situação que se estende a cada membro do grupo.

A UTOPIA PARA SONHAR

Falemos agora desse quesito poético da *utopia para sonhar*.

Não há matéria científica, da física à política, que não necessite do sonho para nascer e florescer. A própria ética tem seu horizonte onírico.

Utopia, do grego, quer dizer o não lugar, além do lugar. É o sonho maior, que mobiliza saber e imaginação, emoção e trabalho, buscas e perplexidades, desejo e infinito, liberdade e espontaneidade.

A utopia fecunda o ato criador!

No psicodrama, a alma será lançada na busca desse sonho maior, será projetada no tempo e no espaço, para a frente e com alegria, aonde a meta se encontra, sutil e móvel, sempre móvel. A fantasia é o alvo a ser atingido, pois é o primeiro passo para a realização do desejo (impossível?).

A utopia moreniana chama-se sociatria!

Quem sobreviverá? Somente os que passarem pelo processo da sociatria sobreviverão. Do contrário, será o mundo dos homens robotizados, da loucura dos asilos e consultórios. Será o Vietnã de ontem e a África de hoje. Serão os morros cariocas, a periferia de São Paulo e os grotões do Brasil... A barbarização do cotidiano.

A utopia é mesmo para sonhar. Não podemos nos envergonhar dela!

CONCLUSÃO

Não é raro, principalmente na área psi, que cada profissional faça suas reflexões e exercite sua prática de um jeito pessoal. Os campos teórico e prático podem ser visualizados estilhaçados por miríades de posicionamentos individuais.

A noção de paradigma e seu corolário – escola, modelo, estilo – nos proporcionam o entendimento dos fatos e nos ajudam a estabelecer o mínimo de equilíbrio para separar e unir teorias, dar a cada uma seu lugar específico e apontar os pontos peculiares de divergência e comunhão.

Paradigmas e escolas dizem respeito ao arcabouço de crenças e valores, métodos e técnicas que uma comunidade científica usa para compreender intelectualmente um fenômeno, podendo, ainda, promover mudanças e movimentos durante períodos da história para, afinal, construir, mesmo que provisoriamente, seu corpo teórico.

Nesta altura de minha exposição, espero ter conseguido dizer que o psicodrama, por meio da teoria socionômica, a partir da sociometria, constitui um legítimo paradigma, podendo, até, "dar-se ao luxo" de formar escolas e estabelecer modelos.

A ciência, como marco fundamental da superação do conhecimento vulgar e do senso comum, é o grande e insuperável mito dos nossos dias. Podemos questionar as escolas científicas, tentar reformulações, empreender esforços para encontrar novos critérios, mas não admitimos ficar fora do colo maternal e protetor que nos embala nos caminhos seguros (seguros?) da cientificidade.

O psicodrama é uma ciência. Atende aos quesitos paradigmáticos básicos para assim ser considerado. Os anseios místicos da juventude de J. L. Moreno, que nunca o abandonaram, não deverão ser utilizados como tentativa de invalidar a teoria socionômica que ele organizou nos últimos anos de vida. Vamos continuar criando com base em seu legado. Criar é fazer e cuidar.

No que se refere à terminologia psicodramática e à inserção de termos de outros modelos no projeto moreniano, no entanto, eu me permitiria um adendo.

Antes, lembraria que as palavras têm várias formas de expressar o que indicam: pelos sentidos conotativo e denotativo, pela consagração do uso, pela significação intrínseca, pela definição filosófica, pelo sentido histórico etc. Qualquer contribuição que possamos dar à teoria do psicodrama deve nos remeter à intenção original da definição de cada termo, nunca desvirtuando ou distorcendo o conceito formado em sua gênese histórica. As línguas, em especial a língua portuguesa, são bastante ricas para nomear fenômenos, acontecimentos, situações, com base na práxis de cada um. Até o uso de conceitos de outras escolas será enriquecedor e possível, se mantivermos o primeiro significado. Vamos utilizá-los sem superposições. Ainda que, historicamente, a psicanálise tenha se utilizado de termos da medicina e o psicodrama tenha se utilizado de termos da psicanálise, em ambos os casos faltaram os cuidados da pureza semântica.

De qualquer forma, o psicodrama será psicodrama com os termos fundantes do seu programa. A mudança radical das referências terminológicas nos colocará em outro lugar. Será preciso, então, arranjar outro nome – XPTO, por exemplo.

3
DADOS PARA A COMPREENSÃO DA AXIOLOGIA E DO AXIODRAMA

Todo homem tem de ser respeitado
como um fim absoluto em si mesmo.
KANT

O Bem só será Bem na medida em
que não pretenda tornar o mundo Bom.
BADIOU

INTRODUÇÃO AO TEMA

O termo "axiologia" tem seu étimo no grego: *áksios* = o que merece, o que vale; e *logía* = tratado, estudo, ciência. Axiologia é, pois, estudo ou ciência dos valores e dos merecimentos.

Os valores têm uma dinâmica e uma dialética: sempre que nos referirmos ao *valor* estaremos nos referindo também ao *desvalor* correspondente. Exemplo clássico: amor e ódio, ódio e amor.

Os valores têm uma evolução contingencial, histórica e cultural, reproduzindo as relações sociais no tempo e no espaço. São categorias socioculturais surgidas em função da condição específica da *natureza humana* nascida de dois polos contraditórios – o da espiritualidade e o da animalidade – mais o entorno social.

Na perspectiva antropológica, os valores nascem quando se estabelece a diferença entre o homem e a natureza por meio de leis que não devem ou não podem ser transgredidas. Por exemplo: o animal é incestuoso; o homem não pode ou não deve sê-lo.

A noção de valores ajuda o homem a encontrar o sentido da vida para responder à Esfinge: quem sou?, de onde vim?, para onde vou? Na sociedade atual, os valores têm por finalidade preservar a vida, fazer justiça, permitir a sociabilidade, exorcizar a truculência, respeitar as diferenças e estimular a solidariedade.

O processo civilizatório parte do princípio realista de que o homem vive numa babel de competições, insatisfações, reivindicações e arbítrios, com dificuldades de reconhecer e conviver com seu lado selvagem. De qualquer maneira, o homem se hominiza pela evolução na graduação biológica; e se humaniza pela aquisição de merecimentos, como o pensamento e a linguagem, que o colocam à frente do processo instaurador da civilização.

Hoje a humanidade vive mais uma crise: a derrocada das utopias iniciada com os acontecimentos inaugurais do pós-modernismo (1950). Sem as utopias, os valores humanos inscritos na esperança e no desejo esvanecem. Como superar o ceticismo de uma sociedade que perdeu suas certezas?

Marx dizia: "Os filósofos não fizeram mais do que *interpretar* o mundo de diferentes modos; trata-se, porém, de transformá-lo".

A práxis moreniana, teoria em ação e não em contemplação, apresenta-se como uma forma moderna, dinâmica e ética (no sentido mesmo de Moreno) para vivenciar, discutir, pensar e transformar os valores no *hic et nunc* do axiodrama. Transformar o mundo: será a sociatria a última utopia?

RELAÇÃO DE ALGUNS VALORES (PERENES E PROVISÓRIOS)

VALORES UTÓPICOS – A verdade, a perfeição, o ideal e a transcendência (na qualidade de experiência do divino).

VALORES/DESVALORES LIMITES – Aborto, eutanásia, incesto, pena de morte, uso de drogas, suicídio, pedofilia, prostituição infantil, guerra, fome, morte, doença, loucura, dor, crueldade, tortura, vandalismo, atos hediondos.

VALORES VIRTUOSOS – As quatro virtudes cardeais: coragem, justiça, temperança, prudência; as três virtudes teologais: fé, esperança, caridade; as antinomias dos sete pecados capitais: gula, avareza, preguiça, luxúria, cólera, inveja, orgulho; os dez mandamentos judaico-cristãos da lei de Deus, substitutos do Código de Hamurabi.

VALORES DA SENSIBILIDADE – Pureza, doçura, bom humor, bondade, boa-fé, perdão, amor, modéstia, simplicidade, humildade, benevolência.

VALORES DA CIVILIDADE – Direitos e deveres, disciplina, polidez, privacidade, vontade, entusiasmo, alegria, determinação, respeito ao próximo, sobriedade, dignidade, trabalho, perseverança, honestidade, generosidade, segredos (íntimos, grupais, profissionais).

VALORES/DESVALORES DAS RELAÇÕES HUMANAS – Tolerância, inveja, ciúme, solidão, timidez, vaidade, amizade, mentira, compaixão, lealdade, fidelidade, liderança, desprezo, piedade, gratidão, acolhimento, hipocrisia, ódio, ira, raiva, gentileza, ternura, bem-querer, simpatia, malevolência, maledicência, prostituição, arrogância, crença no próximo.

VALORES/DESVALORES LIGADOS AO DESEJO – Aspiração, intenções, cobiça, apetite (*lato sensu*), concupiscência (tesão), amor do que falta, presença, ausência, beleza, estética, perversões, paixão, transgressão.

VALORES POLÍTICOS – Filiação partidária, ideologia, rebeldia, cidadania, instituições, anarquia, democracia, capitalismo, socialismo, comunismo, (neo)liberalismo, fascismo, reforma agrária, conflitos, paz, concórdia, totalitarismo, liberdade, igualdade, fraternidade.

VALORES/DESVALORES RELIGIOSOS – O tema da salvação, ateísmo, crença em Deus, noção do pecado, agnosticismo, oração, ascese/ascetismo, vender a alma ao diabo, ideia de "outra vida", os variados credos religiosos, vida contemplativa, meditação.

TEMAS ATUAIS ENVOLVENDO VALORES – Clones humanos, inseminação artificial em seres humanos, "útero de aluguel", manipulação genética em seres vivos (plantas, animais, gente), manipulação social pela mídia, uso da sugestão subliminar pela propaganda, controle da natalidade, explosão populacional (a lei de Malthus), armas nucleares e lixo atômico, globalização e universalização, internacionalização ou colonização, armas biológicas, papel das elites culturais, desemprego, ceticismo *versus* esperança, choque de civilizações, "bolsões" de miséria, lixo humano, vulgarização da sanguinolência, confronto de raças e etnias, mundo virtual do computador, Estado mínimo e privatizações, poderes paralelos (traficantes, máfias, lobbies etc.), sintoma do novo ou compulsão à novidade, ecologia "aculturada", excluídos da sociedade de consumo, velocidade do homem em se suplantar, novas desordens sociais, mito do sucesso pessoal (*self-made man*), eterno conflito entre pais e filhos, censura na internet, lixo cultural, progresso da ciência e dos valores, crença e mitos confortadores, seitas religiosas fanáticas, criatividade e espontaneidade, robotização (no sentido atribuído por J. L. Moreno).

PSICOGÊNESE DOS VALORES

De acordo com a teoria freudiana, as noções de valores estariam acopladas à formação do ideal do ego empreendida como uma das funções do superego, sendo este herdeiro do complexo de Édipo. A formação dos ideais do ego permitiria a operacionalidade de outra função do superego: a consciência moral formuladora de juízos.

O superego é a instância virtual da personalidade formada pelas identificações iniciadas por ocasião da introjeção das figuras parentais e da herança cultural. Freud chega a concordar com Lamarck quando este afirma que certas condutas úteis para a humanidade seriam integradas ao potencial genético ao longo dos milênios. Também utiliza o "imperativo categórico" de Kant para esclarecer como o ego está submetido ao superego, pois a criança está destinada a obedecer aos pais, imperativamente.

Freud esclarece, ainda, que a psicanálise, ao estudar e desvendar, em suas formas reativas, o primitivo subjacente aos valores, não pretende a volta à barbárie. Em "O ego e o id" (1923/1969, v. XIX), diz: "A psicanálise frequentemente foi censurada por ignorar o lado mais elevado, moral, suprapessoal da natureza humana. A censura é duplamente injusta, tanto histórica quanto metodologicamente". A posição de Freud pretende ser científica, e não moralista. De qualquer maneira, o ego estaria submetido a duas tiranias: a do id e a do superego. O superego é, pois, o representante interno das exigências sociais, por meio dos códigos éticos e morais, com função disciplinadora de teor coercitivo, punitivo e, às vezes, cruel. "Tão cruel como muitas vezes o id o é", diz Freud.

Os principais mecanismos de defesa participantes dessa composição, que nada mais é do que a formação do caráter, seriam: repressão ou recalque, formações reativas, reparação e sublimação.[12]

Subjacente a cada categoria dos conteúdos, existirá um traço de personalidade ou um componente patológico marcando a personalidade em seus aspectos caracteriais. Por exemplo, no item "justiça" encontramos a figura do "justiceiro", sociopata que faz justiça com as próprias mãos.

A isso chamamos "método reducionista", próprio da psicanálise, em que estados psíquicos mais elevados são perquiridos para que neles sejam encontradas formas elementares, primitivas e toscas, uma constância inconsciente no sujeito. Para Freud, o processo civilizatório recalcou o infantilismo psíquico pela opressão social, mas algumas proibições teriam sido impostas por fenômenos psíquicos autônomos da força independente e sem conflitos do ego.

12 Ver meu livro *Defesas do ego: leitura didática de seus mecanismos*, São Paulo, Ágora, 1996.

SOCIOGÊNESE DOS VALORES

Neste tópico, interessa-nos o aporte vivencial ocorrido na vida social, sofisticado pela especulação filosófica, com a divisão dos valores em dois grandes grupos: o das práticas sensíveis e o das experiências espirituais. Os valores sensíveis abrigariam três subgrupos: os valores hedônicos, os valores vitais e os valores utilitários. Os valores espirituais acolheriam quatro subgrupos: lógicos, éticos, estéticos e religiosos. As práticas sensíveis são da ordem da sensopercepção no sentido da fenomenologia de Husserl e Merleau-Ponty, como revelação do mundo.

Os valores hedônicos seriam aqueles agradáveis e prazerosos, dados pelo bem-estar – *hobbies*, vestuário, comidas, bebidas, viagens, esporte, lazer, sensualidade, sexualidade, o *dolce far niente*, as várias formas de arte (literatura, cinema, teatro, artes plásticas etc.).

Os valores vitais, também chamados naturais, seriam os responsáveis pelo prazer e pela alegria de viver. Viver com a natureza em dois sentidos: com a natureza própria do ser ("a minha natureza") e com a natureza identificada com o cosmo (tema muito caro para Moreno). Referem-se, ainda, ao viver com a noção de que a velhice e a morte fazem parte da vida, envolvendo a criação e a destruição da energia cósmica. A morte nasce com a vida, ensina-nos Platão. Os valores vitais são dados pela "força", pela energia, pela saúde e pela intensidade do desejo.

Esses valores foram considerados por Nietzsche os mais elevados na escala axiológica. A partir desse filósofo, com sua proposta radical, o valor passou a ser o tema nodal de toda filosofia: "o valor dos nossos valores".

Também com Nietzsche, a ética e a moral passam a ter conceitos diferentes. Ética vem de *ethos*, significando abrigo, acolhida, morada. A ética seria, então, o que acolhe, restaura e protege a vida e a intensidade do viver. Moral, por sua vez, ficou com a conotação piegas do "edificante" do domínio religioso de tendência medieval.

Os valores utilitários referem-se aos "bens", materiais ou não, responsáveis pelas possibilidades de construir ou pensar valores abstratos, como o desejo de ter, possuir e poder.

As experiências espirituais são da ordem imaterial, exclusivamente. Para alguns filósofos, seriam os verdadeiros valores, como seguem: lógicos, éticos, estéticos e religiosos.

Os lógicos dizem respeito ao saber, ao conteúdo dos conhecimentos, à procura da verdade, mas não à verdade em si. Têm como desvalores a ignorância, o erro, a falta de interesse em conhecer a verdade.

Os éticos são exclusivos do ser humano, não cabendo às coisas. No entanto, os animais teriam regras de comportamento correspondentes, numa analogia, aos valores humanos, conforme estudo de Konrad Lorenz. Esses valores são exigências do "imperativo categórico" de Kant, enunciando a forma geral como a pessoa age moralmente, conciliando dever e vontade própria, não se admitindo a existência de hipóteses ou ações substitutivas ou alternativas. Kant deslocou a noção de *valor do mundo*, instituindo em seu lugar o *valor da consciência individual*.

Os valores jurídicos e os códigos de ética das várias profissões incluem-se nesse tópico. Em meu livro *Moreno – Encontro existencial com as psicoterapias* (1990, p. 71-3), discorro sobre a ética psicodramática segundo J. L. Moreno.

Os valores estéticos são os do belo em seu sentido mais amplo, englobando o amoroso, o sublime e o trágico. Pessoas, coisas, animais, plantas e outros componentes da natureza e do cosmo são portadores de valores estéticos, valendo isso principalmente para a apreciação das aparências, para julgamento e concepção daquilo que pode ser visto, avaliado e admirado pela afeição, pelo esplendor ou também pelo sinistro e funesto, causadores de piedade e horror.

Os valores religiosos são ditos os de "santidade". Não são obrigatórios. Ninguém é obrigado a realizá-los porque não seriam necessários e muitas vezes nem teriam possibilidade de existir. Para autores como Rudolf Otto, tais valores seriam intrínsecos à realidade humana, sendo chamados de "numinosos". Numinoso seria o estado de alma inspirado pela divindade. Para entender os valores da religiosidade, é indicada a leitura das *Confissões*, de Santo Agostinho.

A CLÍNICA PSI

A ausência da noção de valores no indivíduo, no pequeno grupo social, nos grandes grupos e na sociedade de um modo geral leva ao que se consignou chamar de "patologias do cotidiano". Seriam elas: alienação político-social, vida tediosa, uso desregrado e destrutivo do cigarro, do álcool e das drogas, maus hábitos alimentares, má higiene pessoal, promiscuidade sexual, mau humor crônico refletindo nas relações pessoais, depressões reativas, julgamento mesquinho do próximo, falta de solidariedade, visão acanhada do mundo, provincianismo psíquico, cosmovisão apequenada, cansaço da vida, simpatia pelo cinismo, truculência, desencontros e desconfortos da existência e elogio da perversão.

Em outra perspectiva, temos os "pecadilhos" e os "pequenos assassinatos". O trânsito nas grandes cidades e nas estradas está cheio de exemplos: parar em fila dupla sem necessidade, furar sinal vermelho, entrar na contramão, atingir velocidades temerárias, desrespeitar o pedestre, e tantas outras coisas que ora observamos, ora executamos. A lista continua em outras áreas urbanas: tomar cafezinho e deixar de pagá-lo, furar filas de banco, pichar muros e monumentos públicos, ir ao desforço pessoal por motivos de somenos, desrespeitar a lei do silêncio etc. Na relação pessoal direta, acrescentem-se o discurso autoritário, as atitudes sádicas na relação com o outro e as palavras que oprimem e matam. Na vida pública, somem-se os indecorosos atos de corrupção, a justificativa para o fascismo da direita ou da esquerda, a prepotência dos governos contra os humildes e humilhados.

Às vezes, essas coisas ocorrem não como doença social, mas como estilo de vida, costume nacional, estimuladas pelo noticiário da mídia e pelos exemplos das elites formadoras de opinião.

As "atuações" (*acting out* patológico) podem ser distribuídas em, pelo menos, três grupos: reativas, neuróticas e psicopáticas.

As atuações reativas instalam-se no comportamento explícito da pessoa para justificar sua fuga de um meio social-cultural-familiar opressivo, perturbado, dissociado, promíscuo e injusto. Exige psicoterapia individual, grupal, familiar e do meio social (sociatria).

As atuações neuróticas, que a psicanálise incluiria nas neuroses de caráter, instalam-se de forma mais insidiosa, com questões cheias de nuances, com destaque para a mentira, a mitomania, os subterfúgios e a ansiedade subjacente. Levam ao estudo dos mecanismos de defesa, da família edípica (no sentido mesmo atribuído por J. L. Moreno), da hostilidade inconsciente ao pai, da rivalidade entre os irmãos e das críticas à mãe. O paciente das atuações neuróticas é sempre egodistônico, beneficiando-se dos tratamentos psicoterápicos.

As atuações psicopáticas se instalam no comportamento explícito de maneira organizada, bem-estruturada, egossintônica: do ponto de vista do paciente, não há o que mudar, tudo está bem. Já ganharam os nomes de *loucura moral* (pela antiga psiquiatria), *degeneração moral* (Morel), *desequilíbrio psíquico* (J. Borel), *personalidade psicopática* (K. Schneider) e *neurose de caráter* (escola psicanalítica). Caracterizam-se, em seu extremo, pelo requinte mórbido de desprezo ao próximo e à sociedade, pelo calculismo intelectual, pela frialdade da alma, pela perversidade da ação, que pode levar ao suicídio, explodir no crime hediondo ou "eternizar-se" na relação sadomasoquista, geralmente complementada pelo neurótico. É do axioma médico: o neurótico sofre, o psicopata faz sofrer.

De tratamento muito difícil ou quase impossível, para alguns estudiosos o psicopata seria apenas "caso de polícia". O próprio Freud afirmava que um dos prerrequisitos para uma análise de término feliz seria a confiabilidade no caráter do paciente. Então, pergunta Fenichel: como tratar personalidades não confiáveis? A caracteropatia teria de se transformar numa neurose transferencial ou sintomática. Difícil desiderato para a transformação da associabilidade, das condutas de agressão, da impulsividade, da ausência de arrependimento, da indiferença às punições e das tendências sádicas. Um quadro sombrio, infelizmente. Mas o profissional da área deverá estar sempre atento para não fechar diagnóstico de condenação. Não podemos esquecer que "atuadores" reativos ou neuróticos merecem os benefícios da dúvida. E a esperança é a última que morre, diríamos sem temor da frase feita.

O psicodrama se apresenta como uma opção de psicoterapia capaz de dar conta dessas formas tratáveis de atuação, com base mesmo no conceito de atuação terapêutica (*acting out* psicodramático) realizável em contexto próprio.

As redes sociométricas formadas no grupo terapêutico vão compor uma *Gestalt* – sistemas ou unidades dinâmicas, capazes de gestar a relação lúdica, o jogo terapêutico, a ação espontânea e a possibilidade de criação de um mundo eticamente novo.

Axiodrama é a proposta moreniana para "trabalhar" dramaticamente com os elementos da axiologia.

No livro *Psicoterapia de grupo e psicodrama* (p. 118), Moreno diz que "O método psicodramático, praticamente ilimitado em sua utilização, tem um núcleo sem mudanças, mas com uma série de formas de utilização". Entre elas está o axiodrama, assim conceituado: "[...] é uma síntese do psicodrama e da ciência dos valores (axiologia); dramatiza as aspirações morais do psiquismo individual e coletivo (justiça, verdade, beleza, bondade, complexos, perfeição, eternidade, paz etc.)".

No livro *Quem sobreviverá?*, Moreno apresenta "O psicodrama de Deus – o axiodrama – 1911" (1974, p. 32), dando a entender que naquele ano ele teria feito a primeira referência ao tema. E diz: "O axiodrama trata da ativação dos valores religiosos, éticos e culturais na forma espontâneo-dramática". O "conteúdo" original dos primeiros psicodramas teria sido mesmo o axiológico.

POSSIBILIDADES AXIODRAMÁTICAS

Entendo o exercício prático do sociodrama em dois vértices: axiodrama tematizado e axiodrama simplesmente, sem títulos.

No tematizado, como o nome indica, o assunto a ser tratado é previamente escolhido e anunciado. Qualquer valor/desvalor pode ser posto à apreciação do grupo em função da atualidade e/ou do interesse dos componentes do grupo em discuti-lo.

No axiodrama sem títulos, o tema deve surgir como protagonista. Pela dinâmica e pela insinuação grupal, o assunto aparece e é "trabalhado", à semelhança do jornal vivo.

O axiodrama assim visto, tematizado ou não, será sempre um sociodrama, pois estará preocupado com o movimento sociogrupal, estará centrado no inter e no intragrupal. O psicodrama *stricto sensu* estaria, contrariamente, focado nas questões pessoais, intra e interpessoais.

No entanto, as noções de valor ou o próprio valor em si estarão sempre permeando qualquer dinâmica relacional, pelo que se torna natural encontrá-los no psicodrama *stricto sensu* e no sociodrama não axiodramático.

Também não podemos esquecer que os valores estão intimamente ligados a estados afetivos e mentais, a conflitos instintuais e pulsionais, a desempenho de papéis e a toda forma de comportamento explícito, levando-nos a enfocá-los pelo viés psicológico/psiquiátrico, sem que isso signifique qualquer relação com o axiodramático.

Seria de boa norma técnica não tratar, no sociodrama e no axiodrama, de valores individuais e subjetivos, como na questão psicológica pessoal (inter ou intra), com o risco de expor o paciente à imolação e ao sacrifício desejados pelo sadismo grupal. No psicodrama, por outro lado, isso é possível, pois o grupo será trabalhado em suas correntes afetivas, tornando-se acolhedor para a prática da psicoterapia da pessoa no e com o grupo.

Isso posto, não é demais lembrar que a prática do axiodrama exigirá do diretor sensibilidade com o ocorrido e conhecimentos técnicos para que esse tipo de sessão não desande num espetáculo de intimidade pessoal exposta fora de contexto. Essas colocações não implicam, no entanto, desconhecer que o sociodrama também é feito das projeções e mobilizações afetivas individuais, aproveitadas em seus impactos para compreender o sociorrelacional e o sociogrupal por meio do desempenho dos papéis.

4
A LENDA DE PROMETEU
Emblema psicodramático[13]

Eis-me aqui esculpindo o homem,
idêntico a mim Prometeu,
segundo a minha imagem,
com o rosto assemelhado ao meu,
para sofrer e chorar,
gozar e ser feliz ...
... e zombar de ti, ó Zeus

GOETHE, *Memórias: poesia e verdade*

Prometeu foi cultuado em Atenas, na histórica Academia de Filosofia, em altar junto àqueles consagrados às musas, às graças e ao Amor. Platão o celebrava como "divindade civilizadora". Em Roma, foi entronizado como o "deus da formação da família". Santo Agostinho comparou-o a Cristo em sua luta contra os "falsos deuses". Na mitologia clássica, foi considerado figura mais importante do que Hefesto/Vulcano, o deus do fogo, pois a ele coube a ação maior de criar a humanidade.

Comemorado em prosa e verso, também nas artes plásticas é representado de várias formas. Ora é o gigante olímpico que afana as brasas do sol. Ora é o escultor de homens. Ora é mostrado com um raio nas mãos ou, então, empunhando a tocha. O castigo a que foi submetido mereceu ser retratado. Muitas gravuras, de inúmeros artistas, de um modo geral, apresentam-no deitado ou amarrado às rochas do monte Cáucaso, tendo

13 Publicado na *Revista Brasileira de Psicodrama*, v. 6, n. 2, 1998.

o fígado devorado pela águia. De qualquer modo, em todas as representações seu semblante é rebelde e o corpo contorcido numa luta em que não pede perdão nem renega sua aventura. Eis o mito.

De ampla expressão cultural, o mito tornou-se mito para todos os que se preocupam com os contextos sociais, culturais e religiosos da humanidade. O verdadeiro não se mistura com as fábulas, mas nasce da preocupação mística de dar ao homem a origem sagrada de sua pertinência, de sua trajetória e evolução, remetendo-nos ao início, à criação, à bênção do sobrenatural – instâncias que fundam o mundo e fundamentam os povos. O primeiro mito, pois, é o do nascimento, o do ato de criar, assim chamado cosmogônico. E entre as várias narrativas a respeito, tem-se a do demiurgo Prometeu.

A estória é universal e difusa: a humanidade era infeliz sem o fogo, um semideus rouba-o dos deuses e aquece o mundo literal e metaforicamente. O benefício da chama e do aquecimento envolve a todos numa liberação de linguagem. As fogueiras, o fogão, a lareira, a febre dos instintos, a ardência da cobiça, as ideias iluminadas, a luz, a lucidez, a pólvora das guerras, o cigarro aceso-sensual, as relações humanas calorosas, cinza e brasa, amor e ódio, lavas vulcânicas, raios celestes, fogo fátuo, fagulhas do corpo alquímico, energia nuclear e a aguardente dos botecos.

O fogo prometeico estaria no próprio ser humano, protagonista da vida. É ele que inspira o agasalho, a comida, o carinho, a cálida compreensão. No entanto, é ele, igualmente, que instiga o ódio, a truculência, a crueldade.

O poema encontra-se esparramado por várias mitologias: Egito, Índia, China, Tasmânia, Quênia, Nigéria e ilhas polinésias. São povos e países que, desde dois milhões de anos atrás, conservam a crença na domesticação dessa energia natural, devastadora e bela. É na história grega, entretanto, que se encontra a expressão mais clara e sistematizada, por meio de Hesíodo, Homero e Ésquilo.

O nome Prometeu significa aquele que prevê, o vidente, o que olha através. E assim foi sua pugna com Zeus: uma luta sutil e ardilosa, cheia de lances e contralances.

Os homens e as mulheres por ele criados incomodavam visivelmente a Zeus, que os classificava de arrogantes em seu comportamento. Tal apreciação culminou com a ordem divina de que morressem de fome, sendo para isso impedidos de ter acesso às ervas alimentícias. Prometeu, cheio de cuidados para com suas crias, ensinou-as a comer a carne de pequenos animais. Zeus negou-lhes o fogo para o cozimento. Prometeu não ficou perdido: foi até o sol e roubou um punhado de brasas, trazendo-as enroladas por folhas.

Quando a terra escura foi se pontilhando de pequenas clareiras de luz e calor, Zeus percebeu desesperado o que acontecera. Prometeu traíra-o para ficar ao lado dos homens.

Rebelde primevo, enganador dos deuses, transgressor e quebrador de tabus foram os primeiros epítetos dados a ele. Numa visão antropomórfica e moralista, ele teria sido simplesmente um ladrão, sem-vergonha, arrivista, insolente, falastrão, demasiadamente ousado, executor de um crime. Numa olhada de maior amplitude, mais humanística, dialeticamente nobre, ele simbolizaria a rebelião do espírito, determinado a chegar perto dos deuses para retirar as centelhas divinas do *insight* existencial, afastando o homem de sua condição puramente animal. Aí estaria a passagem do *Homo erectus* para a posição do *Homo sapiens,* como parte da marcha evolutiva que marca o advento da consciência e o surgimento do homem criador. Esse é o sentido mais fundo dessa legenda da tradição helênica.

Prometeu cuidou de suas criaturas de maneira extremosa, pois criar é cuidar em seguida. Ensinou-as sobre o mundo, deu-lhes o domínio sobre as feras e as florestas, deu-lhes disciplina, ajudou-as a compreender a saúde e a doença. E, por fim, instruiu-lhes na compreensão da vida interior, interpretando-lhes os sonhos e as mensagens do oráculo. Foi mãe, pai, irmão e amigo.

Prometeu passou para a história ocidental como mito, gesto político, ação teatral, complexo psicológico e, por sugestão de J. L. Moreno, ícone emblemático da revolução criadora.

Os pesquisadores da cultura veem no episódio uma ação dramática marcada por polos de tensão: de um lado, o protagonista arrostador do poder, com seu saber intuitivo e generoso; do outro, o onipotente Zeus, o poder sem o saber, encarquilhado pela intolerância.

Ésquilo fez de Prometeu a expressão da condição humana, elevando-o a representante da liberdade e da esperança, cunhando a frase da promessa utópica: "Eu libertarei os homens da obsessão da morte e instalarei neles cegas esperanças". Na peça "Prometeu acorrentado", conta-nos a estória de um rebelde político.

Flávio Kothe, em seu livro *O herói* (1985), realça o Prometeu que no palco salva a vida de seus espectadores, obtendo deles a simpatia cúmplice. Verdadeira catarse aristotélica que desloca os sentimentos heroicos da mitologia para a plateia. O psicodrama proporá a catarse de integração.

No artigo "A aquisição e o controle do fogo" (1932/1996), Freud, ao fazer o que ele mesmo chamava de conjecturas sobre o tema, abstém-se de analisar todos os aspectos possíveis para ater-se a três tópicos: o transporte do fogo, o ultraje aos deuses e o significado do castigo. No capítulo do castigo, afirma estar pisando em "chão firme". Isso porque o fígado, em épocas primitivas, era tido como sede de todas as paixões, todos os desejos e todas as perversões. O fígado de Prometeu, corroído diariamente pela ave de rapina, revelaria "os desejos eróticos que, embora satisfeitos todos os dias, também reviveriam todos os dias".

Moreno, em seu livro *Teatro da espontaneidade* (1984), vê a regeneração hepática como um ato criador que se repete, demonstrando pela tese psicodramática a capacidade reparadora do espírito humano, capacidade criativa e criadora.

Para outros autores, dominar e controlar o fogo, símbolo da libido, significaria a renúncia instintual necessária para o desenvolvimento do psiquismo humano.

Outras hipóteses são levantadas em relação aos diversos símbolos presentes na lenda. A tocha de fogo e a águia, por exemplo, seriam vistos como prepostos do falo de todos os tempos. Traduzindo: vida, amor, força, saber e, simplesmente, o pênis viril da realidade anatômica e sexual.

Bachelard, no livro *A psicanálise do fogo* (1994), forjou o termo "complexo de Prometeu", identificando-o com o desejo do jovem em querer superar os mais velhos, em todos os níveis, com o lema: "Conhecer e saber tanto quanto nossos pais e mestres, mais que nossos pais e mestres".

J. L. Moreno identificaria esse "complexo" à ousadia do homem em superar pela espontaneidade/criatividade/tele-sensibilidade a herança das conservas culturais. Mas acrescentaria ainda o que chamou "a inveja do criador". Numa feliz analogia, diz que o fogo do conhecimento "roubado" uma primeira vez perpetuou-se a cada geração, permitindo transformar conservas culturais em propostas novas para o bem do desenvolvimento da metodologia científica.

A vida do titã contém valores poéticos/psicodramáticos da alma, traduzindo a pedagogia da ação numa sublimação de todos os expoentes do mundo afetivo, capazes de compor a liberdade bergsoniana que procura desvelar a expressão mais original de cada um. É a jornada do herói que o torna, por isso mesmo, indivíduo, sujeito e pessoa. Indivíduo por exigência das necessidades, sujeito pelo estímulo do desejo e pessoa pelo acolhimento das relações humanas.

Tomar o fogo dos deuses exige o contraponto de mantê-lo aceso. Sem Prometeu presente para ajudá-los, homens e mulheres de hoje devem assumir essa responsabilidade. E, por tarefa tão grande, urge reuni-los em grupos operativos, cooperativos e com a percepção télica de sua dinâmica sociométrica.

A revolução criadora de J. L. Moreno é proposta prometeica, e nos permite encerrar com Goethe: "Que a coragem de Prometeu possa servir de evangelho para a juventude revolucionária".

Nota: o verbo "criar" e seus derivados são usados por alguns puristas em sua forma latina *creare*, como expressão de uma maneira refinada da cultura linguística. Porém, preferi a grafia corrente na maioria dos dicionários da língua portuguesa.

5
A IRONIA MORENIANA[14]

A tarefa do intelectual é fazer rir pelos
seus pensamentos e fazer pensar pelos seus chistes.
OCTAVIO PAZ, *Corriente alterna*

O dicionário nos ensina que ironia é substantivo com sentido de zombaria insultuosa e sarcasmo. Mas, como figura de retórica, ironia também é dizer o contrário do que as palavras significam; diz-se do indivíduo rico: "Ele é muito pobre..."

Com Sócrates (470-399 a.C.), o vocábulo encontrou uma correspondência filosófica que lhe permitia educar sem ensinar, pois ironia é traduzida, do grego, como interrogação e questionamento.

Mestre imaginário criado por Platão para servir de ideal do sábio, ou cidadão de existência concreta pontificando na pólis grega, Sócrates legou-nos um modo de relacionamento com o outro por meio de debates sobre as questões humanas. Conta-nos a história que ele tinha profunda convicção de seu "papel de conversador" e a consciência de missão quase religiosa diante da existência, responsável pelo gesto de sacrifício da própria vida.

Seus conceitos propugnavam por um viver individual fundamentado no que estava inscrito no templo de Delfos: "Conhece-te a ti mesmo". Pretendia o filósofo a descoberta das necessidades do homem em sua ilusão de ser sábio, localizando nessa busca pretensiosa as fragilidades do ser. Assim, dava ao interlocutor a consciência de sua realidade. Por meio do desvelamento da ignorância para

14 Publicado na *Revista Brasileira de Psicodrama*, v. 4, n. 1, 1996.

alcançar um tipo de sabedoria criadora, ele desenvolveu o método dialético. Tal método consistia em nunca responder, quando interrogado, às perguntas em si. Cabia a ele perguntar. A contrapergunta e o recurso último da refutação compunham o subterfúgio da ironia socrática.

Sócrates partejava a conversa na certeza de que toda resposta estava dentro do sujeito em viva potencialidade, pronta para vir à luz, à semelhança do nascimento de uma criança. Um diálogo com ele era sempre uma sutil ameaça ao interrogado, que poderia cair no ridículo e ser vítima de risos zombeteiros. Por isso, a ironia socrática não é tão inocente como querem alguns estudiosos. Mesmo que ela se componha de um jogo dialético para obrigar o discípulo a ter pensamentos próprios, é acompanhada, no mínimo, de humor. Humor entendido como expressão alegre, disposição de ânimo, produtor de sorrisos, estado espirituoso e estilo gracioso de comentar um fato.

Esse humor que havia na Grécia, encontramo-lo também em outras culturas, com especial destaque para o judaísmo – a ponto de ser instituído o "humor judaico". Tal humor não derivaria do infortúnio dos outros; pelo contrário, teria a capacidade de enfatizar a dignidade do cidadão comum, denunciando a estrutura do poder e o conflito entre pessoas. Esse humor tem abrangência universal, atingindo e ressoando na alma da humanidade, misturando-se com várias fontes de sabedoria, interagindo com sentimentos que são de todos, nos comentários políticos, religiosos, econômicos, sociais e familiares, resultando sempre numa visão do homem psicológico ou psicodramático. Dois exemplos clássicos nos dá o cinema: Charles Chaplin, com sua ternura, e Woody Allen, com sua sátira, não arrancam gargalhadas, mas criam cumplicidade crítica, bem-humorada, prazerosa, emotiva e espontânea.

Ironia socrática e humor judaico são componentes da visão de mundo de J. L. Moreno, por isso chamarei essa conjunção de "ironia moreniana". Ele sempre insistiu no que denominava "verdade poética e psicodramática" – na qual identifico, sem medo de errar, sua ironia, cheia de verve e instigações, perguntas e reflexões. É dele: "Uma resposta invoca uma centena de perguntas".

Quando, na vida adulta, referia seu nascimento em navio sem nacionalidade, os ouvintes não conseguiam abstrair da necessidade de dados concretos, deixando de viajar com ele pelo mundo da fantasia. Moreno estimulava o auditório testando sua (in)capacidade de se desprender da rigidez do fato, possibilitando às pessoas mergulharem em todos os tipos de análise que os casos míticos sugeriam e sua picardia pessoal arrostava.

Ao relatar a queda que lhe custou a fratura do braço direito, aos 5 anos de idade, durante o jogo de ser Deus, ele propôs que essa tenha sido a primeira sessão psicodramática "particular" conduzida por ele na condição de diretor e ator. A insistência de que tal conhecimento ficasse registrado em sua biografia é justificada, a nosso ver, por seu humor irreverente, algo imaginativo, de difícil assimilação, que faz sorrir o espírito ao lançar luz sobre o absurdo.

Em *As palavras do pai*, a alegoria de Deus falando na primeira pessoa do singular, escrevendo, pregando diretamente ao leitor e fazendo versos com as dores e alegrias do mundo causa espanto, num primeiro momento, se não identificarmos nela o sonho fértil e o coração do artista desejoso de revolucionar.

Quando, nos jardins de Augarten, rodeando-se de crianças para sugerir-lhes estórias e contos a serem dramatizados, houve um clima de apreensão por parte dos pais e uma admoestação da polícia, Moreno convocou as famílias para que participassem também da brincadeira. Propôs-lhes o "jogo de escolhas", no qual novos pais poderiam ser escolhidos. Era sua resposta irreverente e criativa às desconfianças maledicentes.

A história de seu encontro com Freud, num bate-papo desabusado, ganhou uma hipótese plausível que levantei no livro *Moreno – Encontro existencial com as psicoterapias* (1990, p. 34-5). Mas o importante é que Moreno, ao relatar a lembrança, estava atrelado à verdade ou à ficção com galhardia e graça.

A lenda da cadeira real, que marca o nascimento do psicodrama como ato político, merece dele uma autocrítica: "Quando me lembro de tudo aquilo, fico espantado com minha própria audácia". No entanto, deixou o timbre de sua ironia, de modo burlesco, vestindo-se de bobo da corte.

A presença de Moreno no Colóquio Terapêutico (1932) - onde apresentou os resultados de sua pesquisa na penitenciária de Sing Sing (Nova York), cuja finalidade foi aplicar o "método grupal" na classificação de presos - deu-lhe a oportunidade de ser reconhecido como o criador da psicoterapia de grupo. Permitiu-lhe, também, a participação magistral no encerramento do evento, propondo fazer a análise da dinâmica grupal ocorrida durante a palestra, para surpresa e espanto dos presentes, o que fez com ânimo generoso e estilo relacional cheio de vivacidade.

No protocolo do "caso Maria", ele relata uma experiência que tachou de ousada, com a consolidação de uma ilusão ou alucinação para superá-la mais adiante. Trata-se do protocolo da carta forjada, que permite tantas discussões sob o ponto de vista da ética médica. Para ele, no entanto, há coerência com seu princípio da "verdade poética e psicodramática", em que a força do simbolismo se faz presente com motivações muito lógicas, acima do bem e do mal.

Se não compreendermos a personalidade de J. L. Moreno posta a serviço de suas criações, se não compreendermos que ele não mentia, mas usava canais da imaginação para dizer a verdade, usava a realidade suplementar de tanta força terapêutica, se não entendermos seu estilo provocativo, bem ao modo do "*pour épater le bourgeois*", se não formos capazes de ver nele o homem de espírito inspirado capaz de afrontar as convenções sociais, não teremos entendido a mensagem do psicodrama moreniano. Será ingenuidade tomar seus gracejos "ao pé da letra", deixando de perceber sua disposição em quebrar a (in)credulidade com o tempero capaz de humorizar e humanizar a criação fecunda.

No ano de 1959, em visita à União Soviética, em conferências pronunciadas em Moscou e Leningrado, sugeria publicamente aos líderes da União Soviética e dos Estados Unidos, Kruschev e Eisenhower, que se encontrassem numa sessão de psicodrama para inverter papéis, a fim de achar solução para os conflitos políticos das nações. Em outra ocasião, ofereceu seus préstimos profissionais a Mao Tsé-tung para resolver sociometricamente as questões de fronteira entre China e URSS. Durante a Guerra do Vietnã, fez a mesma proposta a Lyndon Johnson, presidente americano, para a resolução da pendência asiática. Há que perceber a sutileza das propostas e a feição inventiva e bem-humorada dos convites.

Em 1953, não perdeu a oportunidade de ironizar a si mesmo: "Não há controvérsias sobre as idéias, elas são universalmente aceitas. Eu sou a controvérsia". Esse era o nosso doce charlatão.

Por tudo isso, compreendemos o direito de Moreno de reivindicar para seu epitáfio: "Aqui jaz aquele que abriu as portas da psiquiatria à alegria".

6
O SOBRENOME MORENO[15]

Eu vou mudar vossos nomes para mudar vossos destinos.

GÊNESIS

É do imaginário popular, presente em todas as culturas, a curiosidade em torno do nome próprio e do próprio nome. A criança, particularmente, queda pensativa e encantada, ruminando seu nome, o significado dele, o porquê de a intitularem assim e, ainda, constrói liames entre a alcunha e sua história doméstica. A fantasia de ser filho adotivo, entendida como alguma forma de rejeição, atravessa o "romance familiar", reinando na cabecinha infantil o desejo de ter nascido em outra prole, com nome e sobrenome diferentes.

Esses aspectos da psicologia infantil, tão bem estudados, têm repercussão na vida madura e não será de espantar se o adulto já feito procurar o cartório de registro civil para mudanças na nomeadura.

Na história da literatura brasileira, conta-se que o escritor Monteiro Lobato fora batizado José Renato, mas desde cedo teria optado por ter as mesmas iniciais de seu pai e por isso passou a assinar José Bento Monteiro Lobato. O mistério dessa escolha estaria no desejo de ser o herdeiro de uma bengala paterna com as letras gravadas: J. B. M. L.

Os estudiosos de sua vida atribuem essa iniciativa a seu talento para a ficção, o que lhe permitiu ser o maior e mais famoso autor da literatura infantojuvenil brasileira.

A interpretação psicanalítica veria no episódio o desejo do menino de identificar-se com o pátrio poder na figura do falo em que o nome

15 Publicado na *Revista Brasileira de Psicodrama*, v. 5, n. 1, 1997.

do pai estava inscrito. Simbolicamente, a criança desejaria ser aquinhoada com a força, a determinação, a possibilidade de criar e procriar - enfim, com o exemplo paterno em sua autoridade, seu *status*, seu papel e sua função.

René F. Marineau (1992), ao estudar o mito Moreno, dá atenção ao fato de o criador do psicodrama ter sido registrado apenas como Jacob Levy, para mais tarde apropriar-se do primeiro nome do pai, Moreno Nissim Levy. Com base na dinâmica conflituosa da família, o autor concluiu que Jacob de fato desejou estabelecer e iniciar nova dinastia, fazendo-o com o nome Moreno - que em língua romena significa "professor", "mestre". Por fim, Marineau diz que a ausência concreta e simbólica do pai propiciou a Jacob reivindicar uma nova estirpe na qual, em sua visão poético-psicodramática, ele seria o pai e o filho ao mesmo tempo. Mais não disse e não lhe foi perguntado.

No livro de Bernard This, *O pai: ato de nascimento* (1987), em que é realizado um estudo lacaniano sobre ausência/interdição do pai no momento do parto, encontramos interessantes aportes para a ampliação do argumento pobre de Marineau.

O genitor seria o pai biológico, mas o pai da função paterna seria aquele que permitisse à criança nascer para o mundo, encaminhando-a para a ordem simbólica. Nesse sentido, J. L. Moreno é de uma incrível lucidez: diante do pai ausente, ele se apercebeu na função paterna para consigo mesmo, não sem antes pagar o ônus dessa criativa irreverência.

Bernard This nos dá outra chave para compreender a posição do jovem Moreno. A figura paterna serviria como sinal de coalizão entre o avô e o neto, ligando uma cadeia de gerações sucessivas. Sem a ponte mediadora entre duas histórias, a solução razoável seria mesmo iniciar outro segmento histórico, outra saga, sem passado, apenas com a expectativa do futuro.

Não confundindo o patronímico com o "nome-do-pai", de Lacan, pode-se especular que a escolha do nome paterno para compor seu sobrenome teria representado um ato simbólico, constituindo-se no significante essencial e necessário para dar eficácia e sentido à existência de Jacob Levy. Aí, sim, estaria estabelecido o nome daquele pai que presumivelmente ama o filho e, ao mesmo tempo, é o suporte da lei de interdição do incesto. Moreno fez essa evocação tal como a religião o ensinou a evocar o Nome do Pai, com a necessidade da crença e da fé.

Poderíamos encerrar o texto por aqui, mas o método fenomenológico-existencial nos propõe buscar outros significados, os sentidos possíveis e os inúmeros vértices de um fato.

Algumas perguntas persistem no porquê dessa escolha exatamente. Uma homenagem? Um resgate doloroso? Reparação amorosa? Apropriação beligerante ou simples provocação? Nesse ato poderá estar embutida a ternura/nostalgia para com quem lhe faltou nos momentos críticos de seu desenvolvimento psicossocial: pai, eu agora o tenho em meu próprio nome. Poderia ser uma identificação com os aspectos de inquietude e agitação da turbulenta vida paterna. Seria exagero, pergunto, pensar em uma afronta à mãe, Paulina, abandonada pelo marido, então caixeiro-viajante; mãe que teve em Jacob, o filho primogênito, o objeto maior de seu carinho e dedicação?

Podem ser feitas outras especulações. Jacob teria criado um jogo de palavras para ressaltar o papel didático, de professor, que sempre exerceu na vida: Jacob Levy Moreno, Jacob Levy Mestre.

E que tal pensar em algum desejo secreto inspirado pela numerologia cabalística, com a sinergia semântica da relação entre letras e números? "Moreno" é vocábulo de seis letras e a criação do mundo se deu em seis dias... O número seis corresponderia ao desenvolvimento cósmico no tempo e no espaço, pois seis são os dias da criação e as energias do universo. Ele é a marca dos dons recíprocos e dos antagonismos, responsável pelo destino místico. É a perfeição expressa pelo simbolismo gráfico dos seis triângulos equiláteros inscritos num círculo. É o hexâmetro bíblico, algarismo da criação, mediador entre o Princípio e sua manifestação. O seis está contido nas seis pontas da estrela de Davi e nos sinetes de Salomão.[16]

16 Para mais detalhes, consultar o *Dicionário de símbolos,* de Chevalier e Gheerbrant, Rio de Janeiro, José Olympio Editora, 1989.

Sabemos quanto é difícil conhecer o que se passa nos corações humanos e o que é arquitetado em suas inteligências. No entanto, jogar com as palavras procurando aproximá-las de uma verdade buscada leva a pessoa a ficar rente com a essência de seus desejos misteriosos.

O escritor Marc-Alain Ouaknin, em seu livro *Biblioterapia - Ler é curar* (1996), abre-nos uma janela formidável para muitas informações. Ele aborda a questão do nome na cultura hebraica. É coisa tão forte que o primeiro livro da Torá, Gênesis, é exatamente o livro dos nomes. A partir da história do Êxodo do Egito para as terras de Canaã, os hebreus escreveram a vivência da liberdade concomitante à experiência de nomear. Nessa cultura haveria pessoas nomeadas, renomeadas, sobrenomeadas, mal nomeadas, não nomeadas, pseudonomeadas e inomináveis. Algumas seriam doentes por causa do nome. Outras carregariam um apelido saudável, como Baal Shem Tov, profeta do hassidismo, significando "O Mestre do Santo Nome".

O nome próprio teria tanta importância na tradição judaica por se tornar o motor da história e a própria possibilidade de desdobramento do tempo histórico. A Pátria nascida da aliança de Deus com Abrão se fez a partir de uma mudança de nomes. Abrão e Sarai, um casal estéril, tornaram-se férteis depois de passarem a se chamar, por vontade divina, Abraão (Abraham) e Sara (Sarah), dando como descendência, a partir de Isaac, toda a linhagem do povo judeu e os princípios do monoteísmo.

Pode-se dizer que o homem tem duas possibilidades: "estar aqui" e "estar lá". A primeira traduziria o nascimento que ele não pediu – o seu destino; a segunda remete-o para o projeto de abertura, para outra dimensão de futuro, de transcendência, o nascimento que o próprio sujeito inventa.

E essa invenção de vida começa com o nome. Ter um nome inscreveria o ser humano na "arte de levar-se a si mesmo", rumo ao significado de seu nome. Ter um nome ao nascer implicaria a capacidade de renascer. Mudar o nome seria mais significativo ainda: implicaria a criação de novas possibilidades, aproximando-se da liberdade de criar a si próprio.

Em hebraico, "ler" e "chamar" são termos representados por uma mesma palavra ("*liqrô*"). Quando se diz "como você se chama?", está-se também dizendo "como você se lê?" Explicitar meu nome é, pois, referir a leitura que faço de mim. Meu nome é meu texto marcado por dois tempos: o subjetivo (*kairós*) e o que é do calendário, histórico (*cronos*).

Em Jacob Levy Moreno, o tempo subjetivo desapareceu com sua morte; o tempo histórico estende-se até hoje, estimulando-nos a contribuir para a lenda que ele tão bem construiu.

O mito ainda não foi elucidado, mas sem dúvida está radicado nos aspectos culturais de sua identidade étnica.

7
O INCONSCIENTE NO PSICODRAMA[17]

No caso de ambos os sexos, é a mãe
que está nos estratos mais profundos do
inconsciente e é especialmente temida.
MELANIE KLEIN, *The psychological principles of infant analysis*
[*Os princípios psicológicos da análise de bebês*], 1926

Se o título do capítulo fosse "O inconsciente ***do*** psicodrama", eu discorreria sobre o coinconsciente – já devidamente conceituado por J. L. Moreno de forma lúcida, pertinente e inovadora para o trabalho com a dinâmica do pequeno grupo social, e que, atualmente, amplia-se na pesquisa da fantasia inconsciente grupal. O coinconsciente refere-se à situação existencial na qual pessoas componentes de um grupo têm convivência estável e significativa, criando formas compartilhadas de subjetividade capazes de produzir estados coinconscientes, assim chamados.

Mas o título é "O inconsciente ***no*** psicodrama", abrindo-nos um amplo leque de opções. A que inconsciente vamos nos referir?

Vamos escolher: o instintual da biologia, o neurocibernético, o desconhecido de nossa subjetividade, o das instituições, o histórico-social? Ou, então, o das intensidades, de Leibniz, o das multidões, de Le Bon, o espiritual, de Viktor Frankl, o antropológico, de Lévi-Strauss, o da presença-ausência, de Santo Agostinho, o *isso*, de Groddeck, o arquetípico, de Jung, o maquínico, de Guattari. E, também, o poético dos devaneios românticos, o da semiótica, o da linguística, o das potencialidades da vida intencional, da fenomenologia

17 Tema apresentado no IV Encontro Internacional de Psicodrama, São Paulo, fev. 1991.

husserliana. Ou, ainda, o inconsciente "profundo" das escolas esotéricas e o inconsciente "subliminar" da manipulação da mídia.

O inconsciente de Wilhelm Reich, que não está dentro; está fora: na mímica, nos gestos, no olhar, no movimento do corpo, no contato da pele e na inflexão da voz.

O inconsciente sensorial, cujo despertar J. L. Moreno explorou bem com as técnicas dos "iniciadores", e que tem seu exemplo maior na literatura: Marcel Proust inicia suas lembranças, em longas digressões, a partir do olor e sabor de uma taça de chá.

Não podemos esquecer o inconsciente dos estados hipnóticos e hipnoides, que foi o trunfo de Charcot e a inspiração de Freud. Moreno investigou-o por meio das técnicas do hipnodrama e do onirodrama.

E, por último (mas não os últimos), os inconscientes pesquisados por psicodramatistas brasileiros: o revelado pelo *psicodrama interno*, técnica criada por Fonseca Filho com base em seus estudos sobre "estados alterados da consciência"; o da *identidade transgeracional*, abordado por A. J. Volpe; e o dos *fluxos nômades*, de Naffah Neto.

Apresento esse rol de inconscientes para lhes dizer que, por ser o psicodrama uma prática existencial, ele sempre dará lugar ao surgimento de todas essas possibilidades. Percebê-las é que é a questão – posta à argúcia do psicoterapeuta, à sensibilidade do protagonista e ao acolhimento grupal.

Entretanto, como o inconsciente pulsional foi, historicamente, a grande e indiscutível descoberta do início do século XX, comovendo toda a psicologia, abalando o conceito da consciência como centro do universo psíquico, permito-me algumas considerações em torno dele, para tê-lo como paradigma.

A tarefa, porém, não é fácil, pois falar desse inconsciente seria contar a história da psicanálise e, portanto, a história de Freud, com todos os seus percalços.

E há desdobramentos mais sérios. O tema implica, de início, uma dúvida: esse inconsciente existe mesmo? Faço a pergunta como provocação à honestidade intelectual dos mais velhos e como incitação à curiosidade intelectual dos mais jovens.

Em seguida, é bom assinalar que o assunto, a partir dos textos originais da metapsicologia freudiana[18], recebe compreensões díspares e conclusões conflitantes por parte dos estudiosos, pois nem todos estão de acordo num entendimento comum. De modo geral, muito do que se pretende identificar como inconsciente freudiano é apenas aquilo que, num dado momento, está fora da consciência, no esquecimento.

Há, até, a queixa de que Freud fechou o tema, reduzindo-o ao âmbito da verbalização e negando-lhe outras formas de expressão. Crítica discutível, cujo debate não nos importa fazer agora.

A reflexão sobre o inconsciente freudiano e a construção deste têm seus vários momentos. O da primeira "tópica" é substantivo, impregnado dos conceitos neurológico-energéticos. O da segunda "tópica", sem abandonar de todo as catexias, nos oferece um inconsciente antropomórfico, adjetivo, de modo a permitir agregar os conceitos do imaginário e do simbólico.

Na segunda "tópica", as instâncias virtuais do id, do ego e do superego são, todas elas, envolvidas pela dinâmica do inconsciente.

O id, totalmente inconsciente, é o componente psicobiológico, pulsional, da personalidade. A partir dele estruturam-se os desejos sexuais e incestuosos.

O ego é o componente da personalidade exclusivamente psicológico, com a função de conciliar as duas outras instâncias, capaz dos arranjos defensivos. Nele, além da porção inconsciente, instala-se o sistema pré-consciente/consciente.

O superego é o componente da personalidade que contém os valores psicossociais simbolizados na tragédia do Édipo: a identificação com o superego dos pais, a proibição dos desejos incestuosos e a culpa. Nele há grande parte do sistema inconsciente e pequena parte do pré-consciente/consciente. A partir dele estruturam-se, no sujeito: o dever, o desejo subordinado às crenças culturais, as exigências éticas, os mandamentos morais, as posições ideológicas, o desejo dos pais.

18 A "metapsicologia" de Freud é a sua Teoria Geral do Psiquismo.Trata-se da construção de uma doutrina, tarefa distribuída por vários textos, de forma assistemática.

Nunca é demais lembrar que o aparelho psíquico, assim idealizado por Freud, tem apenas valor de hipótese, de modelo ou, como ele mesmo dizia, de "ficção". Ele se referia, na verdade, ao aparelho anímico, da alma, abrindo o tema para o analógico, a metáfora e a vida fantasmática que habitaria o indivíduo.

O inconsciente formulado tem duas vertentes: a originária, exclusiva do resultado da inscrição, na ordem psíquica, do biológico no espaço virtual da fantasia e do simbólico, em função da pulsão (*Trieb*[19]) recalcada; e a que surge pela imposição da censura ou do recalque sobre as fantasias e devaneios que um dia foram conscientes ou pré-conscientes. De qualquer modo, ele é o inconsciente sexualizado, ou melhor, dos conflitos sexuais.

Qualquer que seja a instância psíquica de que participe, o inconsciente freudiano não existe fenomenologicamente: ele não é observado diretamente, não é visto, nem ouvido, nem tocado.

Esse inconsciente não tem um lugar físico. Estrutura-se de forma singular, com estatuto próprio e dinâmica peculiar, no lugar psíquico, como realidade psíquica, como representação[20] psíquica das pulsões. Note-se que a representação da palavra e do afeto pertence ao sistema pré-consciente/consciente.

Ele não se confunde com nada que possa estar na condição de aleatoriedade ou arbitrariedade. Por mais "louco" que pareça, tem uma formação adequada, uma ordem, uma função e um objetivo, determinando os atos conscientes.

O inconsciente pulsional de Freud nunca pode ser observado diretamente, pois toda vez que se faz pré-consciente/consciente ele já não é mais inconsciente. No entanto, é percebido ou razoavelmente compreendido por meio dos sonhos, do chiste, do ato falho, dos lapsos, dos sintomas, enfim, da patologia da vida cotidiana. Se para tanto

19 *Trieb* (pulsão) é a palavra alemã que Freud usou para definir o "instinto" situado na fronteira entre o mental e o somático; difere do instinto *lato sensu* que, em alemão, é *Instinkt*.

20 As representações constituem densa temática das ciências psíquicas e têm a contribuição essencial de Freud com sua *Vorstellung*.

tivermos olhos para ver, ouvidos para ouvir, inteligência para intuir e coração para sentir.

Lembremo-nos do cineminha de figuras recortadas, colocadas atrás de um lençol branco. Se nada fizermos, ninguém vê as figurinhas. No entanto, se dirigirmos um foco de luz por detrás dos recortes, elas se projetarão no lençol em formas bruxuleantes, que vão das mais proporcionais e fiéis às mais deformadas e bizarras. O "cineminha" do inconsciente tem dois movimentos essenciais: o deslocamento e a condensação – um vasto capítulo que é estudado como "processo primário", correlato do "princípio do prazer", mas que não cabe neste texto.

A título de lembrança, devo registrar que o inconsciente de Freud não é "outro lado" da consciência. Ele é outra coisa, com outra dinâmica e outra lógica: é atemporal, a-histórico, amoral, não conhece negação ou antagonismo. É individual, intrapsíquico, não dialético e sujeito a regras das ciências positivistas, conforme as ideias predominantes no final do século XIX.

Com o desdobramento do esquema freudiano, num processo de atualização que se deu em meados do século XX, temos de considerar o inconsciente que se estrutura na forma de linguagem, no dizer de Lacan, e o inconsciente das relações objetais de Melanie Klein.

O pensamento lacaniano está ancorado na ciência linguística, principalmente nas ideias de Saussure, e na ciência antropológica, nas ideias de Lévi-Strauss.

O pensamento kleiniano é original na medida em que se preocupa com uma concepção do mundo interno, realçando a fantasia inconsciente que seria o equivalente psíquico do instinto animal, "interpretação afetiva das sensações corporais", "gratificação alucinatória do desejo", marcando o que seria específico do ser humano.

Para estudar o inconsciente, Freud empenhou toda sua vida, criando o método psicanalítico com a finalidade precípua de analisá-lo. O método exige um *setting*, a técnica da livre associação, a atenção flutuante e a interpretação do binômio resistência-transferência. Laplanche e Pontalis (1976) registram a interpretação como "[...]o modo de ação por excelência" da psicanálise. Mas cada analista terá um jeito próprio de interpretar, como cada poeta tem um estilo de poetar.

Fora desse contexto, realizada de forma isolada, sem os nexos históricos da relação analista-paciente, a interpretação não seria útil terapeuticamente, servindo apenas como especulação intelectual ou projeção perversa do interpretador.

Sabendo que o psicodrama tem como objeto de estudo as inter-relações humanas nos pequenos grupos sociais, considerando que seu método original de trabalho é existencial, levando em conta suas técnicas ativas, valorizando a noção de papel (instância observável da personalidade) no exercício psicoterápico, colocam-se algumas perguntas aos psicodramatistas. Podemos nos autorizar a subverter a análise do inconsciente freudiano sem o risco de cair nas interpretações canhestras, selvagens e paranoides? É possível conseguir nível terapêutico eficiente sem a preservação do ritual analítico? De modo inverso, não estaremos cometendo o mesmo equívoco do analista que usa o psicodrama como um "teatrinho" no qual ancorar suas inquirições?

Ponho a questão com severidade porque, do ponto de vista teórico, o mínimo que devemos saber é que psicanálise e psicodrama são dois métodos de conhecimento totalmente diferentes em seus objetos, instrumentos e objetivos.

Não podemos nos iludir nem cair na armadilha das fragilidades conceituais. A busca do inconsciente no psicodrama é de outra ordem.

A experiência clínica – a única que encaminha a conclusões – nos demonstra que no contexto do grupo psicodramático, do "como se fosse", ao calor da solidariedade grupal, colocando-se os papéis em conação, no deslindar das tramas sociopsicodramáticas, com a liberação da espontaneidade-criatividade, muitas formas de inconsciente poderão vir à luz.

O aproveitamento terapêutico desses momentos em *status nascendi*, no lócus da cena, é que permitirá concluir o processo do tratamento. No psicodrama não se interpreta, dramatiza-se.

A prática psicodramática, mantendo método próprio, sem "trombar" com o método psicanalítico, atinge um vasto campo da compreensão humana comum a essas duas propostas de conhecimento. Trata-se de cuidar não do que está recalcado pela censura intrapsíquica, mas do que está no interpsíquico (pré-consciente/consciente), reprimido por imposições sociais ou oprimido por pressões políticas (sentido amplo) e sem poder vir à luz da inter-relação humana, permanecendo escamoteado no jogo relacional.

Se para o inconsciente intrapsíquico podemos cunhar a frase "sei, mas não sei que sei", para o segmento indizível da alma, presente no interpsíquico, podemos grifar: "sei, mas não posso deixar saber que sei".

Aí se encontra um campo existencial por excelência, no qual perfilam as contradições do viver e a certeza da morte, com eros esforçando-se para vencer. Aí se registra o que pensamos sobre o outro e não falamos, o que pensam sobre nós e não falam.

Quanta coisa oculta nesse reservatório emocional imenso: as perversões, a vontade de transgredir, a mentira, o subterfúgio, a simulação, a dissimulação. A inveja que não permite o agradecimento e o ciúme que cria a suspeita. A ambivalência das emoções e a ambiguidade das decisões coibidas.

Também as ideias confusas que atravancam a cabeça, as angústias que atingem o coração, as tensões que contorcem a musculatura e o contentamento que jubila o espírito.

As lendas e mitos da família, guardados no fundo da memória, os sentimentos de encanto, ternura e amizade, e também os de luto, pesar, saudade e perdas.

As gostosas lembranças da infância, as rupturas afetivas dos vínculos e, por vezes, o abandono e a separação precoce.

E as humilhações, os segredos (ah... os segredos!), os ressentimentos, os fracassos e a raiva contida. Igualmente, o sucesso, a festa, o divertimento e as louvações.

A aspiração do poder.

O anelo do saber.

Os sonhos de felicidade. O desejo de serenidade. A religiosidade envergonhada. A postulação política acanhada.

Tudo isso imobilizado pela inércia do medo e da vergonha, do orgulho e da vaidade, da desconfiança e do preconceito. Não se fala ao padre, não se fala ao médico, não se fala ao amigo, nem ao travesseiro. Sem canal de expressão, adoecem o corpo e a alma – e, quando não, enlouquece-se.

Para viver e explicitar esse subjetivo secreto, Moreno propõe, de forma incisiva, o *acting out* terapêutico. No contexto das cenas psicodramáticas, vivenciadas no "como se fosse", todas as formas de comportamento e toda existência estagnada podem se realizar: da profética à desviada da norma, do não institucionalizado à neurose.

Trata-se de proposta verdadeiramente revolucionária na história das psicoterapias.

Primeiro, é preciso preparar o grupo, comprometê-lo na tarefa. Não se trata de aplicar apenas as técnicas de aquecimento, cumpre refazer toda uma ordem cultural, minimizando o temor, removendo a dúvida, afastando a suspeita de forma honesta e leal. Deve-se exercer a compreensão[21] no seu sentido mais amplo, participativo e moderno. É preciso que o amor – no sentido cristão, no de Bion, no de Espinosa, no de Laing, no de Moreno (tele) – supere a má vontade, o desinteresse e os melindres, e que o grupo se torne expressivamente afetuoso. Uma utopia posta como meta do processo relacional.

Que na fraqueza de cada participante o grupo encontre coragem suficiente para acolher com seriedade e carinho o que está entalado na garganta de cada um. Que a fraqueza se transforme em franqueza. Que se explicitem a imaginação e o desejo.

A partir daí, pode-se começar a reconstrução, a criação de papéis saudáveis, a inter-relação télica enriquecedora e a busca de possibilidades existenciais, com alegria e consistência.

Só depois do solilóquio verdadeiro mentes e corações estarão abertos para o "interlóquio" da criatividade.

O inconsciente pulsional, individual, intrapsíquico de Freud será tangenciado. Outras formas de inconsciente serão clarificadas. A nos-

21 Compreensão, aqui, não se refere a um ato de bondade ou atenção das pessoas.

so modo de ver, na prática do psicodrama, isso ocorrerá sempre quando se trabalha com o que "finge" ser inconsciente. Não há incoerência conceitual ou de método, pois no sistema pré-consciente/consciente estão as representações dos afetos e das palavras, que se fazem presentes também por meio dos "papéis". De qualquer forma, o pré-consciente-consciente é menos misterioso do que possa parecer e está irremediavelmente atrelado às possibilidades e necessidades evocativas do sujeito, atravessando a todo momento os processos do tratamento psicodramático. Não é possível o terapeuta psicodramatista deixar de trabalhar os conteúdos do pré-consciente-consciente estabelecidos por Freud. A contragosto de Moreno, possivelmente.

E papel, sabemos todos, é a alavanca do processo psicodramático.

Tenho dito.

8
ACTING OUT & ACTING OUT[22]

A ação de narrar permite à pessoa se
constituir em sujeito íntimo do grupo, e a narração
convida a assumir seu lugar no mundo humano,
ao compartilhar a sua história.
BORIS CYRULNIK, *O murmúrio dos fantasmas*

O uso da expressão *"acting out"* por J. L. Moreno tem servido a inúmeros equívocos e, algumas vezes, críticas injustas. Tudo começou quando os textos de Freud foram traduzidos para o inglês e o termo *"agieren"* foi vertido para *"to act out"* e seu substantivo correlato, *"acting out"*.

A tradução completa das obras de Sigmund Freud iniciou em 1948, por decisão do Instituto de Psicanálise de Londres e da editora Hogarth Press, tendo como tradutor-chefe James Strachey, um psicanalista apaixonado pelo teatro e crítico teatral em jornais londrinos. Daí a justificativa da versão da palavra *"agieren"* para *"acting out"*, sem nenhuma inocência.

Antes dessa época, J. L. Moreno, em suas publicações inaugurais, já se utilizava da expressão *"acting out"*, introduzida posteriormente na tradução inglesa de Freud.

Em seu *Dicionário comentado do alemão de Freud* (1996), o psicanalista Luiz Hanns instrui-nos para o fato de que

> Embora valorize a sabedoria psicanalítica contida na linguagem comum e popular, Freud emprega com frequência termos psicanalíticos que são heran-

22 Texto apresentado em 14 de abril de 2010, em comemoração aos 40 anos da SOPSP, em reunião com os associados.

ça de usos psiquiátricos e filosóficos, utilizando-os, desde o início, de maneira particular. Outros termos, ora são empregados de maneira próxima ao uso coloquial, ora ganham autonomia teórica, transformando-se em conceitos psicanalíticos, perdendo o contato imediato com a linguagem corrente.

A palavra "*agieren*", inscrita nessa observação final, perdeu o contato com a linguagem vulgar e tornou-se um conceito psicanalítico. Daí por que sua tradução tornou-se problemática.

Com o termo de origem latina "*agieren*", Freud quis, no seu texto em alemão, determinar um acontecimento da ordem do pensamento, da palavra e das expressões motoras, capaz de ocorrer no processo do tratamento analítico, geralmente dentro e no momento desse processo, a partir de fenômenos transferenciais inconscientes estabelecidos na relação médico-paciente. Esse acontecimento refere-se à possibilidade de o paciente "agir" seus desejos, fantasias e fantasmas de linhagem pulsional, como explicitação do recalcado (ou reprimido).

Segundo os autores estudiosos do tema, esse agir geralmente transgride o comportamento civilizado, tendo a finalidade de romper o contrato analítico ("Não quero me tratar"). Pode ocorrer dentro da sessão, com expressões transferenciais eróticas ou de hostilidade, mas também fora da sessão, com comportamentos de várias ordens, repercutindo nas relações familiares e sociais da pessoa analisada.

O *agieren* assim é considerado na clínica psicanalítica quando o paciente tem suas atividades interpretadas como substituição às recordações. Três itens enriquecem a essência do conceito: o fenômeno nunca tivera, até então, explicitação verbal; ele existe porque a palavra não dá conta de sua expressão; e se expõe porque a pessoa não tem elementos de crítica e inibição civilizatórias. O indivíduo "age" de modo a não controlar os impulsos primitivos da formação de sua personalidade.

Algumas são as versões para o vocábulo freudiano. Em francês: *agissements* e *actuation;* em espanhol: *actuar*; em italiano: *agire;* em português: *atuação*; em inglês: *acting out.*

Por força da liderança da língua inglesa, predominou em nosso meio o *acting out*, com todo o peso das dificuldades técnicas, não se delimitando com precisão o que venha a significar, desde Freud: desrecalque, ações transferenciais, ato falho, impulsividade, agressividade, catarse de ab-reação, atuação, simples ação?

De pronto, pode-se afastar a expressão de sua correlata "passagem ao ato", que é própria do universo conceitual da clínica psiquiátrica para indicar atos de agressividade e violência, desconectados de qualquer tipo de relação transferencial. Na *passagem ao ato* da clínica psiquiátrica incluem-se comportamentos delituosos, suicídios, assassinatos, atentados ao pudor, crimes sexuais e formas de atuação psicóticas.

A título de informação, é interessante assinalar que foi com base nesse conceito psiquiátrico que J. Lacan formulou sua tese *Da psicose paranoica em suas relações com a personalidade* (1932), sobre o caso Aimée. Foi quando fez a exortação ética: "Um analista não deve recuar diante da psicose". E marcou sua entrada na psicanálise. Na tese, concluiu que a *passagem ao ato* do psicótico tem como consequência certa estabilização em sua atividade delirante, pelos mecanismos de culpa e autopunição.

Ainda na clínica psiquiátrica, encontramos transtornos de hábitos e impulsos que também são considerados *acting out* por alguns autores. São impulsos à ação que não podem ser controlados, bem como não têm suas causas compreendidas ou explicadas. Mesmo na psicanálise, são incluídos, por analogia, junto com o "umbigo do sonho" de Freud. São: jogo patológico, piromania, cleptomania, tricotilomania, explosão intermitente de raiva, compulsão a comprar, adição a videogames, automutilação, compulsões sexuais. Esses distúrbios, em princípio, não são explicados com fatores de causa e efeito, não se encontrando transtornos mentais nem doenças biomédicas subjacentes.

Esses *actings* necessitam de diagnóstico diferencial, cuidando-se de fatores psicodinâmicos, história de vida, privação na infância, estruturas egoicas fragilizadas, afetos dolorosos não resolvidos, busca de afirmação social, busca do amor materno.

J. L. Moreno desdobrou o conceito psiquiátrico/psicanalítico de *passagem ao ato* como se fora uma versão do *acting out*, sem conter obrigatoriamente os entendimentos que a psiquiatria – e, particularmente, Lacan – dá à locução (como sendo uma doença).

No pensamento moreniano exposto em 1923 no livro *Teatro da espontaneidade*, a *passagem ao ato*, ou *acting out*, seria o atuar desde dentro, passando à execução de um ato concreto no ambiente onde o sujeito se encontra. Nessa visão, trata-se de uma fase oportuna e necessária para o avanço do tratamento, possibilitando tanto ao terapeuta como ao cliente a apreciação, a crítica e a avaliação do ocorrido em contexto profissional protegido.

Moreno entendia que atuar a situação afetivo-emocional, vinda das profundezas do imo, no contexto do teatro terapêutico, como representação teatral objetiva do que fosse subjetivo, significaria vivê-la (a situação afetivo-emocional) mais exaustivamente do que o próprio comércio da vida permitiria, possibilitando melhor entendimento interpretativo (a interpretação psicodramática).

Esse tipo de *acting out* deverá, entretanto, ocorrer inserido num ambiente controlado, como medida preventiva ao *acting out* irracional, patológico, com a possibilidade de contê-lo ou de tratá-lo.

Acting out, no psicodrama, é agir do interior para o exterior por meio do desempenho de papéis. O termo exige, pois, e sempre, a conotação teatral. E aí está a originalidade da proposta moreniana.

J. L. Moreno foi buscar na terminologia do teatro o sentido e a qualidade de sua intenção de trabalho, pois é no teatro que o termo "*acting out*" tem sua gênese.

O verbo inglês "*to act*", quando usado de modo transitivo, estará sempre referindo-se ao contexto teatral. Assim: "*to act a play*" significa representar uma peça; "*to act a part*" se traduz por desempenhar um papel cênico; "*to act out*" tem o sentido de colocar para fora, no palco, o conteúdo anímico; "*to act a role*" é representar um papel, assumir o papel dramático dado ao ator ou, no método psicodramático, criado *in loco* pelo próprio ator. Então, falamos em *role-playing*, *role-taking* e *role-creating*.

Portanto, em princípio, o *acting out* psicodramático não tem nada que ver com o *agierem* psicanalítico. Todavia, num rigor de apreciação, poderá até contê-lo.

De qualquer forma, o *agieren* freudiano ou o *acting out* patológico moreniano poderão ser evitados e compreendidos em sua dinâmica se aos pacientes for dada a oportunidade de narrar a história de sua vida e, quando possível, a chance de representá-la no palco psicodramático.

9
O PROTOCOLO DA CARTA FORJADA
As três éticas

As mais universais das noções nascem e adquirem forma na experiência particular das pessoas vinculadas a lugar e tempo específicos.
ZYGMUNT BAUMAN, *O mal-estar da pós-modernidade*

No livro *Psicoterapia de grupo e psicodrama*, publicado no Brasil em 1974 pela editora Mestre Jou (primeira edição alemã em 1959), em tradução de Antônio Carlos Cesarino, J. L. Moreno, à página 324, apresenta-nos o texto "Terapia pelo psicodrama de um caso de paranoia", que será objeto deste comentário.

À introdução, Moreno refere-se ao mundo caótico que estaria presente nos indivíduos com certa perturbação mental (ali subentendida como psicose). Afirma, então, a possibilidade de consolidar tais comportamentos para depois transformá-los em uma criação coerente, como deduziu de sua leitura de Hamlet, o príncipe melancólico, de Shakespare. E para que o "verdadeiro" Hamlet possa se reconhecer, não nas palavras do autor, mas na versão de seus próprios conflitos, Moreno oferece o método e as técnicas psicodramáticas.

Faz o que chama de "análise psicodramática" da obra shakespeariana. Primeiro, aborda os elementos estético-literários da peça tal como foi inspirada, escrita e publicada. Depois, enfoca as *dramatis personae* em movimento cênico, apresentando-se para um público interessado em ver o "legítimo teatro" (sic). Em terceiro lugar, ilumina o ângulo privado da vida pessoal e das emoções íntimas de cada ator. À encenação, os atores estariam vivendo um papel fixo do texto e, ao mesmo tempo, o papel determinado pelas variáveis psicológicas de sua existência.

Desse ponto de vista, sempre haveria tensão entre essas duas formas de drama: o profissional e o pessoal. Enquanto o drama profissional é consciente e ensaiado, o drama pessoal ocorreria em plano inconsciente.

O conflito interior do artista seria responsável pela ocorrência da *neurose histriônica*, por obrigá-lo a encarnar papel estrangeiro a sua alma. Um risco da profissão denominado por Moreno de "patologia normal do papel teatral". Ao sair do palco, o artista seria incapaz de despir-se do papel cênico, levando para a rua ou para casa as ressonâncias da representação. Moreno levanta também a hipótese de que a vida privada do ator estaria presente e misturada nos papéis teatrais ao longo de sua carreira e, dialeticamente, reforçando a colocação anterior, os papéis da vida privada estariam impregnados de vivência teatral.

Por fim, aponta-nos um quarto viés: o dado terapêutico. Mas não sem antes argumentar que o medo dos infortúnios reais (loucura, violência e assassinatos) chega ao teatro com a forma suportável de expressão artística e até de prazer.

"Domesticamos os leões, amestramos os animais selvagens e assim nos aliviamos de nossos pecados. É por isso que é permitido ao ator aparecer em cena liberto de suas cadeias, libertando-nos ao mesmo tempo".

O teatro terapêutico é proposto por Moreno como uma nova dimensão do drama: o psicodrama.

O preâmbulo é feito para propor em seguida um caso real, concreto, da realidade médica do terapeuta. Da sua clínica, Moreno retira o protocolo do caso Marie, jovem de 23 anos que, numa festa de Natal, conheceu Johann e por ele se apaixonou. Não voltou a encontrá-lo, mas insistia em sonhar com ele e em imaginá-lo. Literalmente enlouqueceu, perambulando por endereços, ruas e cidades onde supunha poder revê-lo. Num dia de "agitação", foi internada no manicômio. Rebelde a qualquer tratamento, fugiu e foi reconduzida, passando por diversos estabelecimentos psiquiátricos até chegar às mãos de J. L. Moreno.

Após as entrevistas preliminares com a paciente e sua família, o caso é estudado e a história psiquiátrica de Marie é reconstituída. Com a aceitação da família e a cumplicidade dos pais e das irmãs, e após uma conferência com seus colaboradores, Moreno estabelece a estratégia: é preciso aceitar a realidade da psicose e participar na busca de Johann.

E diz ele:

> Para mim, Johann nunca existiu e, mesmo que houvesse existido, Marie não sabe grande coisa de sua pessoa. O que ela sabe é fruto de sua imaginação. Afirmar que Johann se encontra aqui, em nossa casa, não é uma falsidade, porque ele tanto pode estar aqui como em outro lugar. Ao contrário! Tenho um método que me permite produzir Johann: o psicodrama.

Então, põe em andamento o processo de *realidade suplementar*, entregando a Marie um telegrama forjado "assinado" pelo desejado amante. Também apresenta a ela um hipotético amigo de Johann, ali representado por um ego-auxiliar, Wilhelm. Sugere-se a Marie que escreva a Johann, para um endereço previamente preparado como se fora de uma unidade de recrutamento do exército.

A correspondência desenvolve-se entre eles, com o "amigo" Wilhelm servindo de intermediário para ajudar Marie a escrever as cartas e ao mesmo tempo conseguindo, habilmente, saber quais as respostas por ela sonhadas e esperadas. O ego-auxiliar, assim, aprofunda-se naquele mundo de crença nos fantasmas e confiança nos terapeutas.

Diz Moreno:

> Vamos conduzir a realização de seu sonho psicótico até os limites de suas exigências mais profundas, com todos os meios de que dispomos... Johann é como o personagem em um drama que foi produzido por Marie, e que é por nós dirigido. Tais personagens imaginários são, muitas vezes, necessários para a consolidação terapêutica do mundo psicótico.

O nosso dramaturgo reconhece que vai fazer uma experiência ousada e usa a psicanálise como contraponto para afirmar que no divã psicanalítico também há riscos, principalmente os que advêm da contenção do paciente para concretizar suas ações. Então, os conflitos viriam à tona propiciando o *acting in* e o *acting out* patológicos, sem condições de compreendê-los e tratá-los.

No texto em questão, são feitas considerações técnico-teóricas com a finalidade de mostrar o que será feito no caso Marie.

Com as escolhas sociométricas feitas pela paciente, Moreno refere-se ao denominado "diagrama da estrutura inconsciente dos papéis" – que refletiria as experiências simbólicas, muito antigas, do passado dela –, aproveitando a explanação para conceituar termos que servem ao caso e a todo o psicodrama.

Alerta para o fato de ser perigoso lançar o psicótico, prematuramente e sem motivos consistentes, à encenação teatral. É de sua própria pena: "Nem sempre a ação é essencial para o psicodrama" (1974, p. 334).

Afirma que só representar os papéis é insuficiente, seria necessário um envolvimento íntimo dos protagonistas, aprofundando as exigências vividas por meio de papéis iniciais.

Nesse trabalho, Moreno, ao término de cada sessão grupal (pois o tratamento de Marie foi feito em situação de grupo), fazia a chamada "análise psicodramática", na presença da protagonista, ampliando a compreensão da paciente a respeito de sua doença e oferecendo pontos de apoio e inspiração para que nas representações seguintes houvesse uma "interpretação" em cena.

Em uma série de sessões, a psicoterapia foi se desenvolvendo nos moldes propostos, até que permitisse a Marie concretizar sua vida interior com seus próprios papéis e os papéis das *dramatis personae* de seu mundo interno. Isso possibilitou que ela construísse um mundo novo – com as pessoas dos egos-auxiliares e não mais com os fantasmas de sua mente. Surgiram Marie II e Johann II.

Moreno ressalta, nesse trecho do trabalho, a importância dos egos-auxiliares para libertar uma pessoa doente de seus delírios, de suas alucinações e da forma mais extrema de solidão. Aproveita, ainda, para ressaltar a "regra geral do psicodrama clássico", de acordo com a qual tanto o paciente como o ego-auxiliar têm direito de aceitar ou recusar os papéis que, de alguma forma, lhes são atribuídos.

No decorrer do processo grupal, a ligação entre Marie e Wilhelm atingiu solidez suficiente para permitir novo passo, tão ousado como o anterior: a transformação do amante alucinado no "amante terapêutico". Foi anunciada a morte de Johann. Não sem traumas.

As relações fundadas no tele foram consolidadas, e as transferências negativas foram gradativamente reduzidas.

Finalmente, o ponto culminante do tratamento: a revelação da verdade. O mundo psicótico de Marie foi revisto em fragmentos de cenas revividas desde o início do tratamento, e a verdadeira situação foi revelada.

Georg, participante do grupo, foi convidado para a tarefa de substituir Wilhelm, que por sua vez estava no lugar do fantástico Johann.

O resumo feito até aqui foi apenas para estimular meu leitor a ir à fonte original e fazer a leitura imperdível, com inúmeros detalhes técnicos, teóricos e existenciais que merecem ser revistos.

Vamos, agora, ao comentário dos aspectos éticos que esse tratamento moreniano mobiliza, o que requer delicada apreciação.

Nas técnicas de pesquisa em psicologia (experimentação, observação, entrevista, questionários, testes de modo geral), coloca-se como questão ética se é admissível submeter o paciente ao exame de seu comportamento sem a prévia autorização para isso. Aí, cria-se o impasse: se avisada anteriormente, a pessoa terá a conduta alterada; se não comunicada, o profissional poderá ser acusado de invasivo e antiético.

Na prática, a solução encontrada é fazer as intervenções, concluir os estudos e, posteriormente, comunicar o acontecido ao cliente, com as explicações elucidativas, solicitando autorização para a eventual publicação dos dados colhidos, com a promessa de manter o anonimato e não divulgar informações de qualquer ordem que possam identificar o sujeito. No caso dos incapazes, a permissão virá dos pais ou dos responsáveis legais imediatos.

Conversei com alguns colegas sobre a pertinência de abordar as dúvidas éticas impostas pela leitura do protocolo da carta forjada. Alguns se surpreenderam com o simples levantamento da questão, até então passada desapercebida. Outros justificaram o acontecimento partindo do princípio de que houvera boa intenção no gesto. No entanto, houve os que foram tomados de indignação, chegando a afirmar que a "mentira" do médico para a cliente denotaria fragilidade de conduta, possibilitadora de desdobramentos de cunho fascista, com desrespeito à dignidade humana e à ética médica.

De qualquer maneira, pressenti que minha tarefa não seria fácil. Mesmo que meu desejo estivesse direcionado para argumentar com apontamentos histórico-religiosos, ele não deveria nem poderia servir a justificativas ingênuas. E eu estava cioso de não querer me prestar a qualquer tipo de burrice ideológica.

No presente texto, pois, não há intenção de absolver Moreno de algum deslize da ordem da moral médica que tenha ocorrido no caso, mas tão só ampliar a crítica, abrindo janelas arejadas capazes de tirar o episódio do alvo das condenações definitivas.

Sabemos que toda argumentação teórica diante de um fato corre o risco de ferir as exigências da lógica formal ou de cair na armadilha dos sofismas. Mas a proposta de Moreno de trabalhar com a "realidade suplementar" coloca-o, e a sua técnica, em outro lugar, onde, por princípio e definição, não há texto datado nem sistemático. Isso exime a técnica usada, naquele instante do seu uso – e tão só no momento de sua aplicação –, dos princípios racionais do julgamento.

Há um trecho de carta de Freud a seu amigo Oskar Pfíster (pastor protestante, doutor em teologia e psicanalista) que poderia ser utilizado para reforçar a legitimidade do terapeuta que, em atitude corajosa, usa técnicas ousadas, porém moralmente discutíveis. Vamos ao texto:

> A discrição (na relação analítica) é, portanto, incompatível com a boa configuração de uma análise. A gente precisa tornar-se um mau sujeito, jogar-se fora, abandonar, trair, comportar-se como um artista que compra tintas com o dinheiro do orçamento doméstico da esposa, ou aquece o ambiente para a modelo queimando os móveis da casa. Sem tal dose de criminalidade, não há produção correta.

Como entendê-lo? Metáforas morais, imagens vigorosas, humor judaico ou uma verdade íntima de seu autor? Em que essa discussão do arraial psicanalítico poderá auxiliar o arraial psicodramático, também metido em dúvidas tão próximas?

Em seu livro *O psicodrama em foco*, Peter Felix Kellermann (1998, p. 130-1) refere-se ao tratamento de Marie como exemplo de "validação existencial bem sucedida" com o uso da realidade suplementar. Vê-se que Kellermann demonstra boa vontade para com a proposta de Moreno, não criando "firulas" éticas, mas tão só enfatizando a pertinência do procedimento.

Vou me socorrer, agora, dos axiomas hipocráticos: "*primum non nocere*", não prejudicar o doente; e "*natura sanat, medicus curat*", o médico cura (cuida) e a natureza sara (no sentido vulgar de cura).

O primeiro axioma é hoje questionado em sua pureza. Médicos, psicoterapeutas e até mesmo aqueles que dizem fazer poesia na relação terapeuta-paciente não têm condições de garantir que sua proposta de tratamento seja totalmente isenta de "efeitos colaterais". O *restitutio ad integrum* é horizonte utópico em qualquer situação, biológica ou psicológica.

O segundo axioma desfaz a discussão bizantina que indaga se a psicoterapia cura "no sentido médico". Curar, como é entendido popularmente, diga-se de passagem, nunca foi proposta da medicina como se propala ingenuamente. Coube a Lacan, nos dias de hoje, reforçar a colocação de Hipócrates – o pai da medicina – de que a cura não é igual à terapêutica. Como bom fenomenólogo, Lacan inspirou-se no sentido do vocábulo alemão "*sorge*", significando cuidar, para esclarecer sua "Proposição de outubro de 1967", naturalmente apondo ao tema suas ideias originais.

Nessa mesma linha (de propor o cuidar e não o sarar), Moreno discute aspectos dos valores culturais do mundo ocidental diante da doença mental (1974, p. 352). Argumenta que aí, como única solução, encaminha-se o paciente para uma "terapia realista" (sic), não admitindo nada que não seja a adaptação e um retorno às condições físicas e mentais anteriores à doença. Mais uma vez, Moreno é precursor de ideias; e nesse caso, em particular, ele precede Thomaz Szasz, que denunciou a doença mental como o mito utilizado pela sociedade para destruir e segregar os inconformados.

Em meu livro *Moreno - Encontro existencial com as psicoterapias* (1990, p. 71-2), pude compactar o posicionamento de Moreno sobre a ética psicodramática. De acordo com o criador do psicodrama,

> ao contrário da ética individual, que consiste em certos deveres pessoais pelos quais se pauta o comportamento do indivíduo, a ética do grupo tem repercussão em regime de mutualidade, isto é, em expectativa comum. A atenção é de um para outro, num movimento de mão dupla ou de várias mãos. É com base nisso que o grupo constrói suas regras, objetiva a meta, determina as atividades e estabelece as sanções aos faltosos. A liberdade do indivíduo e a exigência do grupo social terão sempre de encontrar caminhos conciliadores. Moreno propôs o "juramento do grupo", que deveria ser cumprido no decorrer da formação grupal, em contrapartida ao "juramento hipocrático". Os participantes do grupo seriam levados, progressivamente, em momentos oportunos, a compreender sua responsabilidade para com os sentimentos do outro, a cuidar da relação entre os companheiros, a zelar pelo não vazamento de notícias sobre a dinâmica íntima do grupo; enfim, seriam sensibilizados a externar uma conduta leal e honrosa de cada um para com todos.
> Mas a ética psicodramática não se resumiria a isso. Não se trataria de um posicionamento conservador, repetido como fórmula ou hábito. Deve inspirar-se na vida dos revolucionários, dos heróis e dos santos, fundada no entusiasmo, na coragem, na emoção e na fé. Deve estar sempre em movimento espontâneo e numa dinâmica criadora, superando o binômio permissão-interdição.

E, mais além, deve ser uma ética dedicada à transformação do homem, munindo-o de elementos para se opor à robotização, à rotina intelectiva, ao desamor e à destrutividade.

Hoje, eu diria, a ética psicodramática é prometeicamente transgressora.

Falar em ética, de modo geral, é falar de liberdade, com todas as implicações daí decorrentes, e ter conhecimento de que a moral é relativa e contingente, variando no tempo e no espaço.

De qualquer modo, permanece a pergunta: Moreno foi ético no tratamento de Marie?

Na leitura de alguns temas essenciais da ética médica, não encontrei, salvo melhor juízo, nada que pudesse condenar aquele ato terapêutico de J. L. Moreno.

Nos capítulos do atual Código de Ética da medicina e na jurisprudência em torno do assunto, o que fica patente como crime são os comportamentos de "negligência, imperícia, incompetência, imprudência e omissão voluntária". Em qualquer dessas situações, o médico será julgado e condenado a reparar os danos e assumir a responsabilidade perante os conselhos profissionais e os códigos civis e penais. Nos casos imprecisos e de pouca definição legal, porém, apela-se para a sinceridade de propósitos e para a formação da consciência do profissional. O médico se salva por sua honestidade no relato de casos, sua correção frente ao colega, seu trato civilizado e respeitoso para com o doente e seus familiares, seu comprovado conhecimento teórico e sua "prática ao pé do leito".

O primeiro gesto ético do médico é informar a família e obter dela a aceitação sobre a conduta a ser tomada. Note-se, pois, que Moreno pediu a anuência da família à proposta de tratamento e contou com a cumplicidade das irmãs durante a experiência. Numa época em que não existiam os antipsicóticos para minimizar alucinações e delírios, o uso da *realidade suplementar psicodramática* seria, em medicina clássica, a chamada "intervenção heroica". Lembremo-nos: a experiência foi realizada antes do final da Segunda Grande Guerra (1945), e só em 1950 iniciou-se o uso da clorpromazina na clínica psiquiátrica.

No meu entendimento, Moreno utilizava-se de suas criações ousadas sem prejudicar o paciente, com a aprovação familiar e contando com a presença dos outros pacientes e dos ego-auxiliares. No relato do caso Marie, tudo pareceu-me ter sido feito sob razoável controle médico, psiquiátrico e psicoterápico, suficientemente argumentado em seus aspectos teóricos.

Não fora isso, podemos ainda recorrer à máxima médica: "Cabe ao médico ético salvar por ofício, por juramento, por instinto ou por solidariedade, mesmo quando ele ignora e/ou prescinde dos códigos."

Moreno salvou uma alma atormentada.

Na declaração de Helsinque (1964), adotada pela 18ª Assembleia Médica Mundial, encontramos dois itens esclarecedores: "No tratamento de uma pessoa doente, terá o médico liberdade para usar uma nova terapêutica se, a seu ver, oferece ela a esperança de salvar a vida, restabelecer a saúde ou aliviar o sofrimento"; "A pesquisa clínica no ser humano não pode ser realizada sem o seu conhecimento e, em se tratando de pessoa legalmente incapaz, deverá, então, ser solicitado o consentimento do seu representante legal."

Last but not least, encontrei uma visada excepcional para o caso: a ética judaica. A explicação mais simples está no livro de Yaacov Blumenfeld, *Judaísmo: visão do universo* (1989). Em um capítulo singelo, intitulado "D'us escreve direito por linhas tortas", ele conta a história do Rabino Gadol.

> Quando encontrava dois judeus brigando, ele chamava cada um deles em separado e, mentindo, dizia a seu interlocutor que o outro se havia arrependido, que não mais guardava rancor e queria fazer as pazes. O mesmo era dito ao outro judeu, de maneira que, quando os dois se encontravam, se beijavam e faziam as pazes.

O objetivo da mentira estaria respaldado pela Torá, que ensina: "Até o mal será usado para o bem.

Nas palavras de Blumenfeld:

> Isso quer dizer que às vezes se torna necessário um emprego de meios não utilizados normalmente, por serem amargos, mas em certos casos necessários. Porque afinal todos os meios foram criados para servir ao Divino, direta ou indiretamente, mesmo as ações consideradas vulgares, ordinárias, íntimas ou cruéis.

Todavia, tal comportamento só poderia ser exercido pelo homem que tivesse estudado e se iluminado pela sabedoria divina, que o autorizasse a mentir e a inventar, sempre visando o bem. J. L. Moreno, como adolescente e adulto jovem, cultivou a ideia messiânica de ter uma missão profética e uma vida religiosa intensa, conforme testemunha em sua *Autobiografia* (1997). Essa marca espiritual acompanhou-o, ainda que de forma mais discreta, em sua fase médica e de pesquisador psicossocial.

O médico Jayme Landmann, em seu livro *Judaísmo e medicina* (1993), joga mais luzes para o entendimento da ética médica judaica. Em seu modo de ver, ela é baseada em princípios religiosos, ao contrário da ética médica não judaica, que se basearia em análises filosóficas. O autor resgata, em seu relato, experiências médicas nascidas nos tempos imemoriais, que permitiam ao profissional utilizar-se da abordagem empírica para aprendizagem da ciência sem que isso fosse considerado uma transgressão moral. Refere-se, também, à necessidade de as famílias receberem informações suficientes no caso dos insanos e dos comatosos. Enfatiza, além do mais, o compromisso do médico judeu "com o valor infinito da vida", que o obriga, em casos de perigo vital, a utilizar todos os recursos, até mesmo sem o consentimento formal dos responsáveis pelo doente.

Entre tantas lições de sabedoria do livro de Landmann, pincei uma última: "Se examinarmos as fontes judaicas clássicas, encontramos o encorajamento, sempre que necessário, para aprofundar as questões e as inquirições, não só no campo da ciência, mas em todos os campos, *sem temer consequências*" (o grifo é meu).

Tenho convicção de que a formação ética de Moreno inspirou-se no modelo judaico, pois, pelas marcas de um judaísmo sutil presentes em sua obra, fica-nos a certeza de que ele nunca cometeu a ofensa da apostasia.

10
A CATARSE DE INTEGRAÇÃO[23]

Toda cultura científica deve começar por uma catarse intelectual e afetiva. Resta, então, a tarefa mais difícil: colocar a cultura científica em estado de mobilização permanente, substituir o saber fechado e estático por um conhecimento aberto e dinâmico, dialetizar todas as variáveis experimentais, oferecer enfim à razão, razões para evoluir.
GASTON BACHELARD, *A formação do espírito científico*

O conceito de *catarse de integração* é a invenção original de J. L. Moreno para as ciências psicológicas e sociais. Refere-se ao acontecimento ab-reativo, de ordem afetivo-emocional, produzido e expresso durante um trabalho operativo ou terapêutico da dinâmica grupal. Trata-se de contribuição criada com base nas ações dramáticas.

Em Moreno, é fundamental que se entenda esse fenômeno como resultante do movimento dialético: catarse mental ancorada na ação dramática e ação dramática ancorada na catarse mental.

Para enriquecer nossos conhecimentos sobre o assunto em pauta, torna-se necessário uma divagação de compreensão histórica da teoria subjacente ao tema. Pois é disso que este capítulo trata.

O QUE É CATARSE?

Comecemos pela definição do dicionário (Houaiss, 2001): etimologicamente, a palavra vem do grego *kátharsis*, significando "purificação, purgação, mênstruo, alívio da alma pela satisfação de uma necessidade moral".

23 Publicado na *Revista Brasileira de Psicodrama*, v. 18, n. 2, 2010.

O vocábulo foi usado na religião, na medicina e na filosofia da Grécia Antiga, com o sentido de expulsão daquilo que é estranho à essência ou à natureza de um ser e que, por essa razão, corrompe-o e adoece-o.

Na religião, manifestava o conjunto de cerimônias de expiação a que eram submetidos os candidatos à iniciação religiosa, particularmente nos mistérios de Elêusis.

Na medicina, refere-se à evacuação, à exoneração dos intestinos com ingestão de purgativos, à depuração do sangue com sangrias. Não à toa, pois, a metáfora de W. R. Bion para o aparelho mental é a do sistema digestório, permitindo-nos pensar em ocorrências mentais similares a vômitos, diarreias e seu oposto, a prisão de ventre.

Na psicologia, significa a liberação, por meio de recursos idênticos à ab-reação, de emoções, sentimentos e tensões reprimidos. Na psicanálise (que não é psicologia), é a operação capaz de trazer à consciência memórias recalcadas no inconsciente, libertando a pessoa em análise de sintomas psiconeuróticos associados a esse bloqueio.

E ainda: efeito de transparência produzido pela encenação de certas ações, especialmente as que fazem apelo ao medo e à raiva, ao amor e à alegria; técnica utilizada pelas psicoterapias baseadas no método teatral – o psicodrama como exemplo.

O empenho social pela liberação emocional é indissociável da contestação das proibições morais. Lacroix (2006) ensina-nos que no século XIX surgiram manuais educativos do *savoir-vivre* exigindo decoro nas relações humanas. "Era preciso moderar a vivacidade, evitar a demonstração ruidosa de alegria, dissimular a tristeza, atenuar o entusiasmo, refrear os ímpetos de admiração, silenciar a repulsa, mascarar as preferências e as aversões, por fim, rir com comedimento."

Era a sociedade do decoro.

Em meu livro *Psicoterapia aberta* (2006, p. 54), registro: "O Psicodrama permitiria vivenciar, em um mundo *sui generis*, no 'como se fosse' do contexto dramático, todas as formas de comportamento e toda existência subjetiva, a profética e desviada da norma [...]" e das regras socioculturais prevalecentes. Tudo a ser elaborado e atrelado ao campo simbólico do *role-taking*. O psicodrama é permissivo no contexto terapêutico com técnicas metafóricas próprias.

O QUE É AB-REAÇÃO?

Mais uma vez, recorremos ao dicionário: *ab* = para fora, *Reagierung* = reação. Reação para fora. Botar pra fora.

A concepção da locução *catarse de ab-reação* encontra-se no texto de Freud "Sobre o mecanismo psíquico dos fenômenos histéricos" (1893/1969, v. II), no qual ele estudou a gênese da doença histérica, chamando esse tipo de acontecimento de "catarse de Breuer".

Ab-reação, para Daniel Lagache (1992), refere-se à expressão ou à explicitação de um conflito psíquico até então recalcado, porém reintroduzido modificado na experiência vivida pelo paciente. Veja-se, pois, que a expressão usada pela psicanálise admite uma retomada daquilo que foi colocado fora, porém transformado.

Resumidamente, o sintoma se formaria como *solução de compromisso* para traduzir a relação existente entre certo acontecimento psíquico, o modo como o indivíduo *reage* a ele e a insistência do afeto que os envolve. Essa reação (ab-reação) expressa em emoções, palavras e atuações, "vai das lágrimas à vingança", podendo ocorrer no cotidiano das pessoas ou nas sessões de psicoterapia – nas quais é permitido ao paciente rememorar e objetivar pela palavra o acontecimento traumático, e assim libertar-se do *quantum* de afeto que o tornava patogênico (Laplanche e Pontalis, 1976).

O *quantum* de afeto ab-reagido proporcionaria o efeito catártico. Por isso se diz catarse ***de*** ab-reação ou catarse ***da*** ab-reação, inaugurando o *método catártico* que foi usado entre 1880 e 1895 na terapêutica psicanalítica.

Lévi-Strauss, em seu artigo clássico "A eficácia simbólica" (1975), denomina os xamãs, os psicanalistas e os psicoterapeutas de modo geral de "ab-reatores profissionais".

A CATARSE EM ARISTÓTELES: CATARSE DO ESPECTADOR

O termo surge na *Poética* de Aristóteles (384-322 a.C.) para designar o ato de tornar puros os sentimentos, referindo-se aos efeitos da tragédia, gênero de poesia dramática próprio e exclusivo da cultura grega antiga, em que atores, por meio de adequada representação, suscitavam "temor e piedade" na plateia, mobilizando afetos virtuosos e redentores. Essa comoção dramática ocorrida no imo dos espectadores seria terapêutica por resolver dinâmicas humanas da loucura, transformando-as de modo a trazer a paz interior.

Aristóteles, é importante registrar, estudou o comportamento da plateia do espetáculo, concluindo que a tragédia só se completaria como arte se conseguisse mobilizar as reservas afetivas do público, provocando o exorcismo coletivo.

Por ser médico, Aristóteles entendeu a encenação dramática como um ritual fármaco-espiritual que permitia ao espectador entender seus conflitos, expulsar suas dores e encontrar a serenidade de espírito.

Em um segundo livro, de paradeiro desconhecido, Aristóteles teria falado da comédia e da sátira, aí configurando a catarse cômica, identificada no correr do tempo com a gargalhada, a risada, o sorriso e o riso que Umberto Eco bisbilhotou em *O nome da rosa* (1983).

A CATARSE COMO EXPRESSÃO DE LIBERDADE EM VÁRIAS EXPERIÊNCIAS ESTÉTICAS

A liberdade, como conceito básico das psicoterapias, sem dúvida compõe sua finalidade maior. Três são os diferentes níveis em que ela pode ser entendida: na linguagem cotidiana (liberdade como característica do comportamento livre); na reflexão moral e política (liberdade como norma, valor, ideal); na indagação filosófica (liberdade como modalidade fundamental do ser).

Acreditando na profunda vinculação desses três níveis, aqui abordo, no entanto, a liberdade como modalidade fundamental do ser, em sua subjetividade, compondo a "natureza interna" do ser humano, resultante da personalidade e, em termos morenianos, dos papéis sociais ou psicodramáticos a ser desempenhados pelo sujeito.

A preocupação universal dos filósofos (e agora dos terapeutas) tem sido servir à libertação do ser humano, dando-lhe condições de tomar consciência de si mesmo, de sua situação no mundo, de suas origens e de seu destino.

Poderemos refletir com Sartre: "O homem está condenado a ser livre. Condenado porque não se criou a si próprio; livre, porque uma vez lançado ao mundo é responsável por tudo quanto fizer."

Acredito que espontaneidade e criatividade, fenômenos primários e positivos, como propõe Moreno, desvinculados da libido ou de qualquer outro impulso animal, possam estar no mesmo nível de importância da liberdade ontológica, com ela confundir-se ou, quando menos, ser dela um aspecto importante.

"A liberdade é a espontaneidade do surto vital que, a cada momento de sua duração presente, integra toda a realidade psicológica do sujeito [...]", é como se nos apresenta uma assertiva de Bergson.

"Em resumo, essa espontaneidade moreniana se assemelha bastante à liberdade bergsoniana se pretende que surja a expressão mais original de cada um", diria Lemoine (1974).

Como a liberdade, a espontaneidade em Moreno não é aleatoriedade, não é determinismo, nem anarquismo psicológico, não é primitivismo social, nem atuação patológica ou impulsividade. Tais características não permitiriam o reconhecimento do ato livre do ser humano, anulando-o. Espontaneidade, para Moreno, também é ato livre, por livre vontade.

Porém, uma coisa é certa: o indivíduo será responsável por tudo quanto fizer, e sua liberdade deverá respeitar a liberdade do outro (Kant). Até os atos inconscientes são de responsabilidade do sujeito (Lacan).

A liberdade/espontaneidade, por sua vez, amplia a possibilidade de mediação da consciência, permitindo à pessoa "ser ela mesma", ou seja, viver no mundo social sem assumir o ônus das convenções impostas com desrazão, respeitados os direitos do interesse coletivo de significado maior. A liberdade do indivíduo e a coesão do grupo social terão sempre de encontrar caminhos conciliadores. "Ser ela mesma" é afirmação do espaço psicológico, conquista de direitos, exercício da criatividade.

Com esse sentido, exercer a catarse da liberdade é sinônimo de saúde mental.

A catarse por meio da leitura de textos literários não nos impede de saber que também o ato de escrever é, em si, catártico. O que são os diários juvenis? E os versos adolescentes? Emblemática é a afirmação de Nietszche (1995): "Com o meu livro *Humano, demasiadamente humano*, libertei-me do que não pertencia à minha natureza."

Na apreciação literária propriamente dita, estabelece-se um processo de identificação do leitor com o texto, permitindo o surgimento de emoções e a explosão de afetos até então contidos. Alívio e inocência da alma, tratamento do intelecto e estímulo a ações enobrecedoras.

A produção literária de bons autores nos diz daquilo que não sabemos dizer, mas sabemos existir dentro de nós. Eis uma razão para ser leitor assíduo. Com o uso corajoso da palavra, a literatura é catártica por excelência. Nas entrelinhas romanceadas entende-se a humanidade do ser.

A *escrita automática* observada em personalidades histéricas e tão honesta e instigantemente absorvida pelos estudos espíritas traz mobilização de profundezas abissais da alma.

Idêntica à catarse teatral, a catarse pela leitura provoca o início de fatores excitatórios dos sentimentos, tais como medo, horror, compaixão, júbilo, empolgação, alegria, escoando, após algum tempo, para a plenitude da placidez, redimindo pecados e pecadilhos.

As fábulas, lidas ou contadas, com seus ensinamentos éticos e conclusões de ordem moral, estimuladas pelo imaginário popular, permitem a construção social do mundo civilizado.

A literatura, na qual poesias e textos bíblicos se incluem, traz a virtude de cura por meio da palavra escrita – de valor tão eficiente quanto a palavra falada e a palavra dramatizada.

Para Freud (1968),

> As palavras são o instrumento essencial do tratamento psíquico. Um leigo achará certamente que é difícil compreender como as perturbações patológicas do corpo e da alma podem ser eliminadas por meio de simples palavras (faladas, lidas e ouvidas). Terá a impressão de que lhe pedem para acreditar em magia. E, aliás, não andará muito longe da verdade, porque as palavras que utilizamos na nossa linguagem de todos os dias não são mais do que magia disfarçada.

A catarse de Marcel Proust, deflagrada por um sequilho ou torrada, que na França se diz *madeleine*, supera a ideia de um simples romance para constituir-se em texto da luta contra o tempo e contra a morte.

A catarse sadomasoquista, descrita por Sade e Masoch em livros e em épocas diversas, ganha atenção apropriada da historiadora Elisabeth Roudinesco (2008) em discussão abrangente sobre a sociedade perversa.

A expressão musical é uma forma de fantasia do psiquismo recalcado, comparável, pois, aos sonhos e aos sintomas. É, também, mágica, pelo envolvimento anímico, fora do âmbito racional e com função catártica privilegiada. Não à toa fala-se em musicoterapia.

A dança, a mais antiga das artes, tem servido desde sempre para a extroversão de fantasias e sonhos. Exercício pleno quando ocorre individualmente, se realizado em grupo enriquece-se na troca de comunicações corporais com o outro, dando significado ao achego ou ao distanciamento dos corpos enlevados.

Alegrias e pesares, fortidão e desamparo, estereotipias e convulsões de ritmo, a dança é a manifestação ritualística mais espontânea e por meio da qual pode surgir o gesto criador mais expressivo. Pura catarse. Puro psicodrama.

Sem discutir valores estéticos, mas tão só o catártico, quando há a proposta de uma tarefa artística pictórica, percebe-se que o paciente e o grupo vivem em seu mundo interior toda a força de um processo dramático, no qual as potencialidades perigosas são postas em trilhos capazes de contê-las e as potencialidades construtivas se esparramam em combinações harmoniosas.

Se o inconsciente bruto não pode ser exposto, que ele se explicite nas *soluções de compromisso* das pinturas e dos desenhos. Remeto o leitor à experiência clássica de Nise da Silveira (1981) e, em nosso meio, ao trabalho de Marina de Oliveira Costa (2004).

Para Claude Lévi-Strauss, "o inconsciente é o léxico individual em que cada um de nós acumula o vocabulário de sua história pessoal" (1975). Essa história fará sentido somente quando for explicitada por meio de um discurso (discurso catártico, pode-se dizer) organizado pelo inconsciente segundo leis próprias. Sim, o inconsciente tem leis próprias.

Aqui, discurso deve ser entendido em sua forma mais coloquial, e não como mensagem solene e prolongada, como se fora um sermão. Utilizo o vocábulo ao modo dos linguistas, como sinônimo de fala, linguajar, comunicação verbal. Pode-se, ainda, entender o discurso no sentido dado por Michel Foucault de produção de saberes, constituindo a epistemologia, a ciência do conhecimento.

O fluir de um discurso catártico será tão impreciso ou preciso quanto precisa ou imprecisa for a dinâmica interna do pensamento, do sentimento e do comportamento do sujeito. A intervenção do analista é necessária para romper o círculo vicioso que impede certos pensamentos de se tornarem palavras.

A primeira função dos terapeutas é estimular o discurso catártico, pois só a catarse permitirá o inédito, o novo, o inaudito. Só a catarse trará surpresas sobre o desejo em seus três níveis: consciente, inconsciente e analítico; será capaz de tangenciar o real inefável de que nos fala Lacan, mas que já se estrutura em Freud como *recalque primário*; nos permitirá reconhecer a "louca da casa" de que nos fala Santa Teresa d'Ávila em seu conceito de imaginação; permitirá a sequência imagética das representações psíquicas que desaguarão nas cenas psicodramáticas; permitirá o aparecimento do que é surreal com suas fantasmagorias; permitirá o surgimento do universo emocional próprio de cada indivíduo; permitirá que o caráter, o temperamento e, por fim, a personalidade surjam livres dos semblantes e das amarras dos discursos dirigidos.

Só a catarse é libertadora: reorganiza a mente promovendo as reparações necessárias para consolidar a identidade do paciente.

"Ninguém pode compreender quando choro." Essa afirmação de Ferenczi (1990) sintetiza toda a dificuldade de entender, compreender e traduzir os sentimentos humanos, mesmo em nosso papel de profissionais "psi". Cada um vivencia à sua maneira – a mais íntima e intocável – o que lhe vai no coração e na razão. A criança existente nos adultos, as dores e misérias insuspeitadas e até as alegrias e epifanias não conseguem ser adequadamente transmitidas, mesmo para o interlocutor de alma aberta e acolhedora, cheio de boa vontade para para com o próximo.

Diante de um choro, seja ele contido, elegante, entrecortado ou convulsivo, só podemos nos manter como testemunhas, nada mais. E quando catártico, ainda que não tenha revelada a profundidade emocional de seu significado, terá sido sempre necessário e útil. Sejamos pelo choro, pelo choro catártico.

Ainda que algumas relações aparentemente de causa e efeito possam ser analisadas, o fato é que podemos falar de um "umbigo do choro" com a mesma construção dada por Freud ao "umbigo do sonho".

Segundo o historiador Jean Delumeau (1991), ao fazer o pecador confessar, a Igreja Católica (IV Concílio de Latrão, 1215) teve a ambição de dar-lhe o perdão divino, permitindo-lhe que saísse confortado e/ou curado. A confissão auricular, privada, obrigatória, exigia do confessante detalhe de todos os seus "pecados mortais", podendo-se observar, então, significativa mudança nos sintomas dos "maus humores" e das "doenças da danação". O conforto psíquico de quem confessava dependia de a pessoa ter diante de si um confessor mais indulgente ou, ao contrário, mais rigoroso no julgamento e na distribuição de penitências.

Como dado histórico, o autor ainda nos instrui que se de um lado a confissão tinha seu efeito libertador, de outro era causa de medo, vergonha, repugnância, com repercussões psicofisiológicas: pavor, sudorese, tremor corporal, insônia e alucinoses. Moralmente, era causa de tormentos e humilhações. Os sacerdotes, chamados "diretores de consciência", quando da estatura moral de um Tomás de Aquino, eram caridosos, discretos, pacientes e benevolentes, com excelente indução de cura.

Entre os vários modelos de linguagem, temos o sonho e as ilusões hipnagógicas como as formas mais intrigantes para ser trabalhadas em psicoterapia.

Para a fenomenologia, o sonho não tem o sentido oracular dos antigos nem é simples simbolismo de impulsos reprimidos; é tão somente mais um espaço aberto para as possibilidades existenciais.

Num primeiro momento, leva-nos à compreensão do ser-no--mundo, do seu modo particular de viver e vivenciar seu mundo; não nos dá uma explicação de causa e efeito, nem facilita uma interpretação, mas permite-nos evidenciar os nexos, os significados, o fluir das vivências. Qualquer inferência subjetiva que fizermos, mesmo quando alicerçada em hipóteses robustas, corre o risco de distorcer o verdadeiro sentido do sonho em pauta.

Outro momento onírico consiste em ajudar o paciente a perceber sua existência, o uso que tem feito de seu tempo e de seu espaço, as distorções do seu viver (o que lhe é supérfluo e o que lhe é ausente), os núcleos conflituais de sua personalidade, o desempenho de seus papéis e, enfim, suas possibilidades.

O desejo humano, polimorfo e complexo, encontra no cinema um modo particular de vivenciar fantasias as mais diversas, sendo as sexuais as de maior atração. Nesse sentido, o cinema é libertador, pois possibilita a projeção e a sublimação de inclinações emocionais que vão das mais destrutivas e odientas às mais ternas, afetuosas e conciliadoras.

Merecem registro as catarses dionísicas, as orgias e as libações extremadas, as emoções tribais que procuram civilizar-se nos campos esportivos, bem como o exorcismo ligado à bruxaria clerical com mandalas, mantras, cânticos, danças, círculos, meditações, unguentos, incenso, onde os humores são excitados e "canalizados" de modo a transportar e aplicar "a sutil substância da mente".

As orações, como forma de catarse, compõem o antídoto de religiosidade contra as forças emocionais destrutivas, permitindo ao sujeito safar-se das angústias e dos temores fóbicos, do ódio e da ira. Dependendo do grau de sinceridade, da crença e da fé, as orações ajudam a pessoa a rever sua agressividade, os sentimentos de culpa e a baixa autoestima, fortalecendo-a para as lides cotidianas e os desafios da vida. E, ainda, abre o ser para os sentimentos nobres, entre os quais o amor pontifica e a paz se faz presente. As orações ajudam na expulsão dos demônios, a metáfora secular para a inveja e a crueldade humanas.

Em algum lugar do mundo, num dia igual à eternidade, dois pobretões aguardam a convocação de um senhor que insiste em não dar as caras. E ali ficam esperando, "Esperando Godot", tal como foi denominada a peça teatral de Samuel Beckett (2006).

Comédia ou tragédia? – pergunta-se. O fato é que essa obra marcou a transição na estética dramática do século XX, mais precisamente nos anos 1950, espelhando um instante a ser identificado como a catarse frusta, aquela não acontecida, também chamada catarse do absurdo, explicitando o surreal da condição humana.

Vladimir e Estragon, personagens abstratas, estão lançados em uma paisagem desértica (palco vazio, uma árvore e a lua), paralisados pela "obrigação" de ali permanecerem, aguardando a resolução de algo compromissado com tons de realidade e fantasia.

Os críticos teatrais dispersaram-se em menções diversas, e várias leituras foram descortinadas naquela construção teatral. A espera poderia ser por Deus ou pela morte. A peça poderia conter, ainda, reflexões acerca da Segunda Guerra Mundial ou da angústia sobre o sentido da vida, bem como outras hipóteses controversas e tudo que pudesse explicar o clima de uma expectativa infinda.

Os vagabundos conversam, mas não chegam a nada, permanecem no vazio, sem perder a esperança naquele encontro enigmático e incerto.

"Esperando Godot", uma parábola, resume de maneira apurada a catarse frustra, a catarse ansiosamente aguardada que, inexplicavelmente, não ocorre, como em muitas das sessões de nosso trabalho analítico/terapêutico, o momento estagnado, a vida desprovida de ação.

Sócrates (469-399 a.C.) legou-nos um modo de nos relacionarmos com o outro, por meio de debates sobre questões de ordem política, moral, religiosa, jurídica e psicológica. Conta-nos a história que ele tinha profunda convicção de seu "papel de conversador" e a consciência de missão quase religiosa – responsável pelo gesto de sacrifício da própria vida.

Seus conceitos éticos propugnavam por vida individual e pessoal, curadora zelosa da "alma", com base na reafirmação do que estava inscrito no Templo de Delfos: "Conhece-te a ti mesmo".

Pretendia o filósofo a descoberta factual das motivações e das necessidades do homem em sua ilusão de ser sábio, localizando nessa busca pretensiosa as fragilidades do ser humano. Dava-lhe, a seu interlocutor, a consciência de sua realidade e concretude. É de Sócrates: "A maior, pior e mais perigosa ignorância é a que não sabe e crê saber."

Por meio do desvelamento da ignorância para alcançar um tipo de sabedoria criativa e construtiva, ele desenvolveu o método de dialogar que consistia em não responder nunca, quando interrogado, às perguntas em si. Para isso, usava o subterfúgio da ironia ou da contrapergunta, empregando, por último, o recurso da refutação, quando o outro tivesse resposta. Partejava o diálogo, na certeza de que toda resposta estava dentro do sujeito em viva potencialidade, pronta para vir à luz, à semelhança do nascimento de uma criança. Para ele, o encontro com o outro ou consigo mesmo ocorreria a partir da consciência da própria ignorância e da busca da Verdade no seu desiderato religioso e sagrado. Essa é a catarse na maiêutica socrática, inspiração para todos os tipos de psicoterapias, da psicanálise ao psicodrama.

Para toda catarse de palavras, há a questão da memória. A recuperação das lembranças e a possibilidade de surgirem falsificadas são tema do livro *Histórias histéricas*, de Elaine Showalter (2004).

Nos anos 1940, com o uso do "soro da verdade" (pentotal), a farmacologia foi capaz de induzir as mais violentas catarses mentais, acompanhadas de vívidas imagens, trazendo para a consciência lúcida lembrança do que até então estava nos desvãos penosos da memória.

O uso da mescalina, conforme nos relata Huxley em *As portas da percepção* (1984), aviva a percepção das cores, não só no mundo exterior, mas também no mundo interior, propiciando "revelações" próprias das catarses místicas.

As drogas, lícitas ou ilícitas, servem como catalisadores da ampliação dos processos inconscientes até então recalcados. Cada droga tem sua especificidade psicoquímica capaz de produzir este ou aquele "estado alterado de consciência", qualquer deles de indução catártica.

No consultório médico ou no ambulatório hospitalar, na sala do analista ou do psicodramatista, a fala do paciente e suas vivências dramatizadas têm de ser protegidas. Moreno proclama a necessidade do compromisso ético do grupo com um código referendado que está publicado no livro *Psicoterapia de grupo e psicodrama* (1974). Winnicott chamou o consultório de "lugar de segurança"; Bion, de "função de continência"; Ronald Britton, de "santuário". Eu diria: a fala do paciente é sagrada e a sala de psicoterapia é o sacrário.

A catarse pela catarse poderá trazer a ameaça da loucura e da violência. Para que isso não ocorra, é necessário configurar alguns auxílios e amparos que possam dar limites no tempo, no espaço, na emoção, na temática, na movimentação corporal e nos critérios ensinados tão sabiamente por Moreno no uso da ação dramática.

Muitas vezes, o diretor de cena e seus auxiliares têm de intervir energicamente para conter excessos. Porém, o grupo se colocará como "rede de apoio" e ajudará na compreensão do ocorrido.

No campo da experiência individual, a razão, como expressão cognitiva, perceberá a intensidade da catarse e lhe dará o freio necessário e o movimento desejado, a meta possível. Cada pessoa sabe como seu corpo e sua mente, seu gesto e seu pensamento poderão extravasar as divergências internas.

GÊNESE DA CATARSE PSICANALÍTICA

Em 1886, Freud iniciou publicações referentes à sua clínica médica, que passava pela neurologia, pela psiquiatria e pela hipnose, resultando em estudos consistentes sobre a histeria e outras neuroses.

Com Breuer, publicou *Estudos sobre a histeria* (1893/1969, v. II). Dentre os cinco casos clínicos apresentados no livro, sobressaem o de Anna O. e o de Emmy von N.

Primeiro, Breuer descobrira, por meio de suas observações, que o sintoma histérico sumia de forma permanente quando havia a catarse do fato provocador dos sintomas. Quando o afeto patógeno vinha à luz de modo claro, na forma de palavras, a doença (geralmente, paralisia) cessava e a psicoterapia se apresentava efetivamente curativa.

Anna O. criou duas expressões para aplaudir a técnica: "*talking cure*" (a cura pela palavra) e "*chimney sweeping*" (limpeza de chaminé).

Nesse caso, a hipnose ainda era utilizada para promover a catarse. Com o tratamento de Emmy von N. por Freud, porém, houve o abandono dessa prática e iniciou-se a *associação livre* – ou seja, a catarse seria promovida pelo estímulo ao cliente para falar espontaneamente, trazendo à consciência lembranças significativas. Assim, a rememoração catártica era conseguida em pleno estado vigil, sem hipnose, permitindo descobrir lacunas nas memórias (1893/1969, v. II).

As experimentações clínicas continuaram até quando, em 1914, época incluída entre os anos da maturidade, Freud, no artigo "Recordar, repetir e elaborar" (1969, v. XII), definiu um adequado entendimento sobre a importância da transferência e da resistência no processo do tratamento psicoterápico. Nesse instante, inauguram-se as psicoterapias ditas científicas.

Ao propor analisar o *discurso catártico*, Freud propunha trazer o recalcado para o contexto da fala coerente e ampla (a *palavra plena* de Lacan), numa forma sofisticada de catarse, com a ideia de que o paciente procura amparo no desamparo, fortaleza na fraqueza e clareza para o enigma, e de que o analista possa entendê-lo na escuta das entrelinhas.

Além de as lembranças traumáticas inconscientes serem rememoradas, as fantasias inconscientes (sexuais ou não) são tratadas, as expressões pulsionais são pesquisadas em seu destino e o desejo enigmático ganha também um lugar no interesse do analista. Posteriormente, Freud utilizou-se do momento catártico para introduzir no domínio da técnica a noção de construção ou reconstrução, em analogia ao trabalho do arqueólogo.

O importante seria não impedir o sintoma por meio da sugestão, e sim explorá-lo até atingir o afeto retido, bloqueado, permitindo-lhe "movimentar-se". A mobilidade afetiva é que vai ajudar na cura, estimulando a espontaneidade e propiciando a criatividade. Rememorar para não atuar, elaborar para curar e lembrar para esquecer são motes que no psicodrama encontram sua correspondência no dramatizar para desdramatizar.

A descoberta essencial de Freud foi que a relação afetiva entre paciente e terapeuta era a mais poderosa arma na possibilidade de tratamento e cura, suplantando a sugestão hipnótica, o discurso moralista e a catarse de ab-reação.

A partir do novo direcionamento dado por ele ao trabalho psicoterápico, criou-se um equívoco no "mundo psi": o vocábulo "catarse" sumiu da literatura especializada, mesmo sabendo-se que o fenômeno catártico continuava sendo fator importante, até mesmo para permitir o desdobramento das intervenções necessárias subsequentes à fala.

Outros autores propõem métodos catárticos diversos, aos quais se denominou "neocatarse". Entre eles, cito: Reich, Ferenczi, Groff, Erik Erikson, Arthur Janov, Lowen, Perls. O próprio Moreno deve ser incluído nesse time de inovadores, com sua catarse de integração.

Em Lacan, pode-se dizer, o analisado é o *discurso catártico*, por meio da escuta. A escuta já estava em Freud, porém Lacan elevou-a como técnica singular. A ideia é que o paciente possa se encontrar por meio de seu próprio discurso, de sua própria fala, o desconhecido até então, ao receber a intervenção do analista.

Philippe Julien (1993), no texto "A análise como exaustão do simbólico", demonstra que o tratamento/a cura se dá no primado do simbólico, no qual se reconciliam o universal da linguagem e o particular da palavra, o que ocorreria na equação ternária: intersubjetividade + palavra plena + a história contada (o discurso catártico). A palavra sozinha é quase inútil, é incompleta. Um interlocutor deve estar presente, sempre, para validá-la.

A essa equação, J. L. Moreno acrescentou um termo: encenação, ou dramatização, criando a equação quaternária das psicoterapias grupais.

O terapeuta deverá estar atento a lapsos, atos falhos, mecanismos de defesa, enfim, a tudo aquilo que, na fala do paciente, possa ser visto como expressão de um inconsciente dinâmico e pessoal.

O paciente, à medida que desenvolve seu discurso catártico, concomitantemente vai recebendo as intervenções do terapeuta e o até então insuspeitável na estrutura do seu pensamento, na organização dos seus sentimentos e na dinâmica de seu comportamento, enfim, permite desvelar seu desejo e sua singularidade.

Ao instituir um dispositivo analítico peculiar, Lacan pretendeu que o cliente pudesse associar ideias e praticar a autointerpretação mesmo fora das sessões analíticas. Com base nele, pode-se dizer que a alienação do gozo é uma forma de catarse: o que é expelido do corpo é reencontrado na fala, na escrita, na dramatização. Enfim, o discurso designa a maneira pela qual se regulamenta o gozo dos sujeitos falantes.

A ênfase dada por Lacan (1998) à palavra ou à linguagem falada não encerra as dúvidas de quem se dedica ao mister das dramatizações. A pergunta que não se cala é: como são aproveitados no psicodrama outros tipos de linguagem, como a corporal, a estética dramática, a dos gestos, a das mímicas e a das ações lúdicas? Freud vem nos socorrer: "Ao ouvir o vocábulo linguagem, não devemos entender apenas a expressão do pensamento em palavras, mas também a linguagem gestual (corporal) e qualquer outro tipo de expressão da atividade psíquica, como exemplo, a escrita e o sonho" (1968).

Trata-se, pois, de valorizar o verbal e também o não verbal. Laplanche é assertivo: "Na história individual temos o direito de falar até de um estágio pré-verbal, onde se detecta a sintomatologia de certas neuroses."

A CRÍTICA A MORENO E A SUA DEFESA

A evolução do pensamento freudiano, no que diz respeito à transferência, às resistências e à elaboração psíquica, aparentemente deslocou a importância da catarse, mas nem por isso a elidiu dos processos terapêuticos. Equivocadamente, hoje em dia, pouco ou nunca se fala das catarses terapêuticas. No entanto, é sobre o *discurso catártico* que todas as modernas intervenções analíticas incidem. No psicodrama, o discurso catártico transmuda-se nas dramatizações. As catarses permanecem presentes em todas as etapas, ou em todos os momentos, do processo terapêutico, qualquer que seja ele.

Dialogadas, interpretadas ou dramatizadas, as catarses sempre serão o *médium/medius* que permitirá as intervenções pontuais, responsáveis pelo tratamento possível e pela cura desejada. Só após a catarse é que os analistas da mente humana terão recursos de "massa crítica" para completar sua função terapêutica, principalmente mostrando o recalcado e permitindo a eclosão do sujeito de que nos fala Lacan.

O fato de existir a ideia equivocada de que o vocábulo "catarse" estaria banido da literatura psicoterápica propiciou a crítica a J. L. Moreno por ele ter dado ênfase à expressão "catarse de integração" como meta maior do tratamento do grupo psicodramático. Não é verdade que o termo esteja em desuso, bem como é injusta a crítica a J. L. Moreno.

Os psicanalistas franceses Laplanche e Pontalis, em seu *Vocabulário de psicanálise* (1976), reparam essa injustiça, registrando: "Além dos efeitos catárticos que se encontram em toda a psicanálise [...] o psicodrama, segundo Moreno, é definido como uma libertação dos conflitos interiores por meio da representação dramática".

Também Pontalis, em seu livro *A psicanálise depois de Freud* (1972), é incisivo na observação de que se pode criticar Moreno por seus escritos (emaranhados), mas não por seu trabalho pioneiro.

O QUE É INTEGRAÇÃO?

Integração é o ato ou o efeito de integrar ou integrar-se. Trata-se da incorporação de um elemento num conjunto, conforme está na álgebra e na matemática.

No aspecto social, trata-se da ação, do processo ou do resultado de assimilar completamente os indivíduos de origem diversa – estrangeira, social ou racial - ao seio de uma comunidade ou nação, do ponto de vista jurídico, linguístico e cultural, formando um único corpo civilizatório e republicano. A integração é a antiexclusão.

Temos usado, muitas vezes, a palavra "integração" de maneira isolada, o que nos leva a outros caminhos. Podemos falar em integração entre mente e corpo, individual e social, dentro e fora, prática e teoria, inconsciente e consciente, grupo e indivíduo, subjetivo e objetivo, todo e parte, fantasia e realidade, corpo e espírito e outras combinações. São relações propiciadoras de catarse de integração - mas não são a catarse de integração.

Pode-se falar, ainda, em integração de elementos possibilitadores da catarse: a música, a dança, as cores, a plástica, os costumes culturais, o movimento corporal. Contudo, nada disso significará exatamente catarse de integração.

Apenas haverá catarse de integração se o acontecimento se instalar dentro da dinâmica grupal, promovendo mudanças e transformações no indivíduo e no grupo, no grupo e no indivíduo, numa inter-relação dialética e télica, por meio das expressões dramáticas.

Na trilha de Daniel Lagache (1992), pode-se afirmar que, no plano intrapsíquico, a mente humana trabalha sempre objetivando fazer integrações de várias ordens, principalmente em relação àquilo que permanece inconcluso na vida da pessoa. Seria necessário completar o que ficou pela metade na história do sujeito. Aí estaria a busca incessante de vivências para permitir as integrações, a união adequada dos pedaços. Nesse sentido, a integração é importante e ocorre, sim, no trabalho realizado pelo grupo psicodramático. Porém, não se trata de catarse de integração.

Numa proposta terapêutica, a primeira integração deverá se dar entre paciente e terapeuta; no caso dos grupos, entre os participantes do grupo. Essa primeira integração vai caracterizar o *holding*, a sustentação, o amparo, a confiança, a proteção e, por fim, tudo que possa se estabelecer na inter-relação por meio do acolhimento. Todavia, não é catarse de integração.

OS TRÊS PLANOS TERAPÊUTICOS DO GRUPO PSICODRAMÁTICO

Entendendo a formação social da mente, nada melhor que a vivência grupal para ajudar nessa composição. O grupo bem conduzido permitirá ser trabalhado em três planos:

plano da catarse

plano da integração

plano da catarse de integração

A tarefa do diretor psicodramatista é árdua. Entender a dinâmica do grupo, entender a dinâmica de cada participante do grupo e entender esses vários planos de possibilidades e as inter-relações possíveis.

Devemos ter o cuidado de não repetir Charcot, que, apesar de seu brilhantismo como psiquiatra, estimulava a encenação dramática de suas histéricas sem, entretanto, compreendê-las e sem, muito menos, compreendê-las em grupo.

E ainda: o terapeuta não pode ser ingênuo, no sentido de demonstrar certo provincianismo, e fazer de sua tarefa médica uma "caça às bruxas", própria das interpretações selvagens.

Por fim, o resultado do efeito catártico (ou catársico) é movimento, transformação, mudança, criação e criatividade, simbolização de questões vitais, humanização, ampliação dos vínculos pessoais, incremento da espontaneidade, expressão de qualidade do campo relacional, ampliação da consciência, construção de melhores modelos de sociabilidade, evolução mental, adequação do comportamento, apuro da capacidade reflexiva, equilíbrio entre áreas instintivas e dispositivos defensivos, enriquecimento dos papéis, superação dos estágios regredidos.

As forças que habitam o interior do grupo traduzem sua dinâmica (*dyna* = força). Segundo Freud, essas forças dirigem-se ao chefe, para com ele se identificarem e a ele se contraporem. Para Moreno, o grupo, com as várias constelações possíveis, se estrutura na disposição das forças em termos de escolhas, rejeições e neutralidade. São dois modos não excludentes de compreender o grupo.

POR FIM, A CATARSE DE INTEGRAÇÃO

Trata-se de um sintagma nominal, sendo, pois, um termo alinhado a outro, uma coisa alinhada à outra produzindo um sentido. Catarse de integração é uma locução que, para ser bem entendida, deve ser usada com as palavras em conjunção, conjuntamente. Catarse tem um sentido; integração tem outro sentido; e a união dos dois vocábulos nos dá um terceiro sentido, este sim, conforme quis J. L. Moreno.

No processo de dramatizar, deparamos com o mais importante modo de ação terapêutica do psicodrama, que é a catarse de integração.

A função interpretativa da dramatização, considerando-se o psicodrama como psicoterapia de grupo, deverá ser garantida por alguns requisitos: o adequado aquecimento para o início da atividade grupal (*warming up*); a dinâmica grupal suficientemente trabalhada ao longo do processo; o descarte dos pseudoprotagonistas e a cuidadosa evitação de seu seu holocausto; a possibilidade de serem construídos o espaço da lealdade ética, o compromisso estético criativo, a liberdade como singularidade de cada um dentro do grupo, o *status nascendi* como pedra angular de toda a dramatização; e, por fim, o compartilhamento afetivo-emocional, que é a participação terapêutica para coroar o encerramento. O chamado "processamento" refere-se a um momento didático.

Pela "direção" do trabalho grupal, o terapeuta psicodramatista propicia ao grupo ou ao indivíduo dentro do grupo a possibilidade de vivenciar a catarse de integração, em que sujeito e grupo terão a percepção afetiva e intelectual da situação na qual estão envolvidos, não pela intromissão da "interpretação comunicada", mas pela evidência que o drama ali desvelado lhes impõe.

E POR QUE A DENOMINAÇÃO "CATARSE DE INTEGRAÇÃO"?

Basicamente porque, para ocorrer, ela exige a integração, em estado télico, dos participantes do grupo, o que quer dizer: integração de intersubjetividades, de intencionalidades, de intuições. Ainda, integração do inconsciente comum do grupo, o coinconsciente.

Significa que ela tem de ser interpessoal, a catarse de cada um dependendo da do outro, integrando-se. Os participantes do grupo deverão identificar-se com o protagonista, integrar-se a ele, autorizá-lo. Sempre por meio da representação teatral. O poder purificador do teatro já era conhecido havia muito tempo; o fato de as teorias psicológicas explicativas terem lançado luzes para o entendimento desse fenômeno não o inutilizou como eficiente meio de ação terapêutica. Moreno, não se pejando de trabalhar com os poderes mágicos da ação dramática, resgatou para as psicoterapias um segmento originado exatamente dos ritos religiosos e, por isso mesmo, legítima preocupação do homem no que diz respeito aos deuses e demônios que habitam seu espírito.

A catarse de integração pressupõe movimento em direção ao aprimoramento de situações sociais de afetos inter-relacionados e comportamentos grupais. Podemos falar em catarse de integração quando ocorrerem dentro do grupo aproximações identificatórias: o desorganizado organiza-se, o desfigurado configura-se, o grupo psicótico neurotiza, o vazio é preenchido, o confuso é esclarecido, o desvalorizado valoriza-se.

O grupo pode servir de caixa de ressonância a uma catarse individual, acolhendo e participando do acontecimento do protagonista, mas a catarse de integração ocorrerá quando o próprio grupo se transforma junto. Também fala-se da catarse de integração como rito de passagem.

Ritos de passagem são celebrações que marcam mudanças de lugar, de idade, de *status*, de modos e períodos de vida, de estados psicoemocionais, de estado civil. Marcam, também, transições propiciadas pelas psicoterapias.

Os ritos de passagem são próprios das sociedades primitivas, com comemorações especiais e marcantes. Sempre, e ainda hoje, significam a inclusão social e produtiva das pessoas em suas tribos.

As próprias doenças orgânicas ou psicológicas constituem-se num rito de passagem, bem como os esforços de tratamento e cura. Morte e renascimento são ritos profundos e enigmáticos. Os esportes radicais dos dias atuais são verdadeiras jornadas iniciáticas próprias dos ritos.

O ato do nascimento é o primeiro exemplo de uma catarse de integração. Outrossim, é o acontecimento paradigmático dos ritos de passagem.

FORMAS CLÍNICAS DE CATARSE DE INTEGRAÇÃO

Há uma ideia de que a catarse de integração seria de ocorrência muito rara e de que teria grande dramaticidade quando ocorresse. Aceitar essa hipótese seria negar a presença efetiva de um modo de ação terapêutica do psicodrama e, de certa forma, inviabilizá-lo como método terapêutico original dentro das terapias coletivas, grupais.

Em minha experiência, pude detectar três formas clínicas de catarse de integração, que assim sistematizei no livro *Psicoterapia aberta* (2006):

- *Catarse de integração revolutiva* – O paciente e o grupo passam pelo acontecimento catártico que os revoluciona interiormente, sensibilizando-os e mobilizando-os para novos e oportunos aprofundamentos.

- *Catarse de integração resolutiva* – O grupo e o paciente têm vivência e consciência de todo material psicológico-existencial recalcado, reprimido e oprimido. Como um relâmpago, gravam-se-lhes no espírito as possibilidades de um novo universo e um novo crescimento; dos indivíduos e do grupo. São catarses de grande força dramática. Essas, sim, são de ocorrência rara e responsáveis por sessões esteticamente belas e emocionalmente significativas.

- *Catarse de integração evolutiva* – O paciente e o grupo vão somando, gradativamente, elementos catárticos parciais surgidos no decorrer do processo. Elementos vivenciados em outros modos de ação vão também sendo encampados, tais como *insight, insight psicodramático, feedbacks, love-backs*, confrontos, encontros etc. Sessão a sessão, dramatização a dramatização, a quantidade e a qualidade dos afetos e da compreensão da dinâmica inter-relacional vão se modificando, até que um dia finaliza-se o processo.

Albor Vives Reñones, em seu livro *O riso doído* (2002, p. 225), é incisivo: "A catarse de integração aponta para uma experiência coletiva de transformação. A coletividade pode começar pela díade terapeuta-cliente, e terminar com os grandes grupos, e ainda que cada indivíduo viva a transformação de uma maneira singular, todos passam por ela."

O que o psicodrama exige de nós é que possamos perceber não só o que ele permite *fazer*, mas também o que ele é capaz de *dizer*. Não esqueçamos, entretanto, de que o que é dito é dito pelo grupo. Para Moreno, "A neurose não se fabrica com um só sujeito, é uma doença de muitos, inter-relacionada". Se o psicodrama pretende diagnosticar e tratar o "mal" que existe na inter-relação humana, deve tratar, pois, dos confrontos interpessoais que surgem no grupo, ainda que posteriormente venham explicitar as ressonâncias da história pessoal de cada um.

No entanto, esse dizer do grupo não deve se referir só à fala coletiva. Que cada discurso catártico dos componentes e, particularmente, do protagonista emergente possa ser lido nas entrelinhas para dar às dramatizações um sentido novo, o sentido do desvelamento. Da mesma forma, que possa municiar os egos-auxiliares para o exercício de intervenções apropriadas – a técnica do duplo, por exemplo. Essa é a proposta do psicodrama contemporâneo.

A CATARSE NOS TEXTOS DE J. L. MORENO

Antes de armar suas ideias a respeito do que fosse *catarse de integração*, Moreno teve o cuidado de identificar os vários tipos e as várias formas de catarse até coroar o tema com seu conceito mais precioso.

Começou por diferenciar a catarse dos outros termos, tais como: *insight*, contentamento, êxtase, satisfação de necessidades etc.

Descobriu e instituiu a espontaneidade como princípio comum produtor das catarses, ao que seguiria a liberdade de expressão (verbal, corporal e dramática).

Resgatou, para os componentes da plateia ou do público, a função do *coro grego*, que acolhe, aceita e compreende o sujeito do drama, com ele se identifica, autorizando-o a representá-lo e ser seu porta-voz no palco, como protagonista no sentido estrito proposto por Moreno.

Retomou o pensamento de Aristóteles do ponto em que ele o deixara, conceitualmente falando. Sem abandonar a catarse do espectador, valorizou a catarse do ator – do ator espontâneo, capaz de encenar o drama sem ajuda do *script* e sim com o procedimento criativo realizado *in situ* e no momento.

Explorou a "universalidade do ato" como aquela que abrange todas as outras formas de expressão: a fala, a música, as cores, a dança e todas as suas possíveis associações.

Percebeu a importância da noção de *status nascendi* para aquele legítimo drama premente antes mesmo da divisão entre espectador e público, no nascedouro anímico.

Estabeleceu a catarse dramática, a catarse de sua inventiva, a catarse moreniana, aquela que apresenta movimento pendular ator-espectador, espectador-ator.

Promoveu, por fim, a união dialética da catarse mental ancorada na ação dramática e da ação dramática ancorada na catarse mental.

J. L. Moreno referiu-se, ainda, às catarses intelectual, estrutural e social, passiva e ativa, mental, de ação, coletiva ou grupal, finalizando com a catarse de integração. Vejamos:

- *Catarse intelectual* – Passível de ocorrer já durante a entrevista preliminar, quando o terapeuta faz o estudo diagnóstico de seu cliente.

- *Catarse estrutural e social* – Tem lugar no grupo social. Envolve todos os indivíduos participantes de um grupo não terapêutico, do contexto social. Porém, pode-se considerá-la vigente também nos grupos terapêuticos.

- *Catarse passiva e ativa* – A primeira é aquela passível de ocorrer somente entre os espectadores, configurando a catarse aristotélica. A segunda, ativa, ocorre no ator psicodramático. Com essas concepções, Moreno pretende converter o espectador em ator, o homem *in situ*. Tanto melhor será a prática psicodramática quanto mais espectadores se transformarem em atores.

- *Catarse mental* – É aquela correspondente à estudada por Breuer e Freud no caso exemplar de Anna O. – de ab-reação, pois. No entanto, Moreno faz questão de demonstrar que essa forma de catarse pode desdobrar-se em ocorrências no autor, no ator e no público. Começava aí a construção do conceito de catarse de integração.

- *Catarse de ação* – É o fenômeno catársico exposto por meio do movimento e da dinâmica de ação do drama estabelecido no contexto psicodramático, mas sem caracterizar ainda a catarse de integração, por ocorrer com indivíduos isolados.

- *Catarse coletiva ou grupal* – Perpassa o grupo, mobilizando-o integralmente. Trata-se de catarse psicodramática ou sociodramática por excelência. É ela que configura a catarse de integração.

- *Catarse de integração* – Ainda que a catarse de ab-reação possa estar presente em participantes do processo psicodramático, para J. L. Moreno o que se apresenta como **fator decisivo** é a integração sistêmica e sistemática de uma "cadeia" sequencial: pessoas estruturadas, papéis estruturados, cenas estruturadas, a que Moreno denominou "cadeia estrutural". Essa seria a verdadeira catarse coletiva (ou de grupo ou de integração), na qual há a "interação cooperativa" de todos os membros do grupo por meio da ação dramática desenrolada no contexto dramático, no palco. Recorro ao livro de Rosa Cukier, *Palavras de Jacob Levy Moreno* (2002), para ter essas informações sem equívocos.

ENCERRAMENTO: PSICODRAMA E SOCIODRAMA

Para compreendermos corretamente o psicodrama como tratamento de psicoterapia em grupo, torna-se crucial entendê-lo não como prática em que se aplica uma teoria, mas como método onde se vive uma práxis. Psicodrama é vivência.

Ouçamos Boris Cyrulnik (2005): "A ação de narrar permite à pessoa se constituir em sujeito íntimo (para o grupo que o acolhe) e a narração convida a assumir seu lugar no mundo humano ao compartilhar (e representar) a sua história."

Para finalizar, devo registrar o que está estabelecido por J. L. Moreno sobre a catarse do psicodrama (*stricto sensu*) e a catarse do sociodrama.

No psicodrama, a abordagem envolve a catarse pessoal. No sociodrama, o sujeito não é a pessoa, e sim o grupo. No sociodrama, o protagonista se apresenta em seu conceito original, aquele que representa a experiência coletiva, sendo a extensão emocional e dramática dos muitos egos participantes. *O sociodrama é, pois, o melhor lugar para a ocorrência e a percepção da catarse de integração.*

11
SUBSÍDIOS PARA A LEITURA DE ALGUNS TEXTOS DE J. L. MORENO[24]

Essa é a inquietude que reúne todos os movimentos do coração.

ROLAND BARTHES, *Fragmentos de um discurso amoroso*

No Brasil, a utilização das técnicas psicodramáticas começou antes mesmo da divulgação da bibliografia correlata, motivando a impressão de que o método não tinha corpo teórico consistente. Por isso, todo esforço em conhecer o pensamento moreniano tem sido estimulado. Com o passar do tempo, uma extensa biblioteca de temas tornou-se mais divulgada e acessível, e os próprios textos de J. L. Moreno foram, em boa parte, traduzidos para o português brasileiro.

Nessa proposta de conhecer, conhecer melhor, é que me propus "apurar" as linhas seguintes, inspirado em minha participação por dez anos como um dos coordenadores do GEM-Daimon (Grupo de Estudos de Moreno, Daimon), ao lado de José Fonseca, Antônio Carlos Cesarino e inúmeros colegas interessados na tarefa de ler a obra beaconeana. A todos esses estimados amigos, deixo aqui meus agradecimentos e minhas homenagens pela oportunidade do convívio naqueles "seminários" inesquecíveis.

O professor é aquele capaz de ensinar, com prazer, aquilo que até então não sabia, podendo compartilhar jubilosamente as descobertas da pesquisa. Aos neófitos do psicodrama, recomendo uma prestimosa leitura de Moreno, uma leitura calma, atenta às pontuações, com fôlego e interesse arguto. Não se contaminem com as desqualificações

24 Publicado na *Revista Brasileira de Psicodrama*, v. 13, n. 1, 2005.

apaixonadas que nem Moreno explica, só Freud. E tenham sempre em mente, pois aqui está o foco de inúmeras confusões, que psicodrama é psicodrama e psicanálise é psicanálise. São duas linguagens autônomas e obrigatoriamente diferentes. No entanto, até J. L. Moreno caiu na armadilha de profligar a psicanálise, nos dois sentidos da palavra: "tentar derrotá-la com argumentos" e "despender-se excessiva e desordenadamente com desperdício para isso".

Psicodrama é trabalho coletivo, social, comunitário, grupal. O homem moreniano não é um ser associal ou antissocial; muito pelo contrário, é um ser de inclusão, capaz de enriquecer o grupo, fazendo-o participar harmoniosamente da sociedade global. Se a leitura de Moreno for realizada com esse zelo, estaremos caminhando para definir cada vez melhor a matéria de nossos cuidados.

Em seguida, apresentarei, de modo alternado, uma citação da lavra de Moreno e um comentário meu – entendido, pretensamente, como esclarecedor.

CITAÇÃO N. 1

> A doutrina eugênica, como o processo tecnológico, é outra promessa de extrema felicidade para o homem. O sonho eugenista imagina a raça humana tão profundamente modificada, em futuro distante, por meio de cruzamentos, que todos os homens nascerão com saúde, o mundo será povoado de heróis, santos e deuses gregos e tudo isto será alcançado por certas técnicas, como a eliminação e a combinação de genes. Se isto realmente acontecesse, o mundo seria de imediato glorioso, belo, feito à imagem de Deus. Porém este objetivo só pode ser alcançado a expensas do ato criador do homem; este novo mundo teria, assim, como o mito de Siegfried, um ponto vulnerável pelo qual poderia entrar o espinho mortal: um mundo trágico no qual chega-se à beleza, ao heroísmo, e à sabedoria sem esforço, em que o herói sofre por não poder obter a mais alta recompensa: a oportunidade de subir da mais humilde origem até o nível supremo." (Moreno, 1994, p. 165-6)

COMENTÁRIO

Siegfried é o mito do herói jovem: primitivo, violento, sedento de aventuras radicais e prazeres inebriantes. Em sua história mítica de origem germânica, ele desafia o exemplo dos mais velhos, desconhece as lições do passado, não crê em dificuldades futuras e sente-se invencível e invulnerável nas provas existenciais e, particularmente, nas provas das armas.

Ele reconhece, também, que sua morte já está marcada pelo destino. Por isso, procura satisfazer todos os seus desejos até a chegada do dia fatal.

Wagner, na ópera "O anel dos Nibelungos", dá-lhe novo perfil. O personagem passa a encarnar o herói atraído pela realidade terrena, o deus seduzido pela humanidade.

Nietzsche, por sua vez, faz o herói encarnar o sonho do super-homem, do homem perfeito.

Outras interpretações apresentaram-no como o titã da inocência e da alegria primeva, das energias elementares, verdadeiro *daimon*. Ele também é visto como o homem do futuro, destinado a libertar o mundo do egoísmo. Por fim, o símbolo indicaria a existência do contraditório no psiquismo humano: Siegfried, o violento, também poderia ser o doce Cristo.

Com essas informações, o texto de Moreno fica iluminado e permite desfazer o ranço que o tema da eugenia carrega. De qualquer maneira, Moreno foi um homem à frente de seu tempo, pois já em 1953 discutia com pertinência o que hoje está na mídia acerca da genética, genes, embriões e quejandos. Com a citação do mito de Siegfried, Moreno se posicionou de modo existencial: "[...] este objetivo só pode ser alcançado a expensas do ato criador do homem [...]" dialeticamente repleto de contradições, sem a prepotência da eugenia pregada pelos nazistas, complementaríamos, para firmar a clareza das ideias.

CITAÇÃO N. 2

> Ao chegar ao porto de Nova York, um repórter perguntou-me o que pensava da sociologia americana. Respondi: o único sociólogo americano que

me vem à mente é Walt Whitman. (Moreno, *The New York Times*, 3 de julho de 1925)

Trouxe comigo os três veículos que inventara e foram decisivos para a inauguração e disseminação, nos Estados Unidos, da sociometria, uma sociologia caracteristicamente americana: o palco psicodramático, o sociograma interacional e um gravador magnético. (Moreno, 1994, v. 1, p. 47)

COMENTÁRIO

Por que a ironia? A resposta, encontramo-la na própria biografia de Walt Whitman (1819-1892), o "poeta maldito". Esse nova-iorquino da gema é o exemplo de quem viveu sua existência de modo a fazer coerentes a obra e a vida. Seu único livro, *Folhas de relva*, caracterizou-se por ter sido reeditado inúmeras vezes, sofrendo revisões e acréscimos a cada publicação, transformando-se, praticamente, em outro livro, embora mantendo o mesmo título e o mesmo espírito. São informações encontradas na *Enciclopédia Britannica*.

O poema que permaneceu como obra-prima foi "Canto de mim mesmo", inspirando o autor a declarar: "Eu não falaria tanto de mim se houvesse alguma outra pessoa a quem eu conhecesse tão bem."

Sua poesia, pela profundidade existencial, recebeu do pensador americano Ralph Waldo Emerson o elogio: "Creio que é a mais extraordinária mostra de espírito e sabedoria que a América jamais produzirá."

Trabalhando como tipógrafo e jornalista, Whitman era militante de causas sociais, tais como reformas políticas radicais, abolição da escravatura, direitos da mulher e das minorias sexuais e amor livre – temas escandalosos para a época.

Seu livro era antipatizado, estigmatizado pelo conservadorismo sociocultural dos Estados Unidos, onde até os serviços de correio negavam-se a fazer sua entrega. Por outro lado, tinha excelente acolhida e aceitação na Europa, vindo a ser considerado precursor da moderna literatura.

Na Guerra Civil Americana (1861-1865), o autor passava os dias ajudando os feridos, trabalhando voluntariamente nos hospitais militares da campanha. E, quando Abraham Lincoln foi assassinado, produziu elegias pungentes, marcando sua admiração pelo líder civilista.

Moreno sabia das coisas, e como e onde dizê-las.

CITAÇÃO N. 3

> No teatro da espontaneidade o fator decisivo, mais que a obra total, é a força de cada "átomo" cênico individual. Os atores não podem contar com um "ponto" (do teatro clássico) que, como um *deus ex machina*, virá socorrê-los quando venham esquecer uma palavra ou um gesto de seu papel. (Moreno, 1977, p. 97)

COMENTÁRIO

O que vem a ser *deus ex machina*? A expressão latina refere-se à intervenção fantasiosa de um deus descendo sobre o palco por meio de uma máquina: guindaste, grua ou algo semelhante. Trata-se de um termo originário, pois, do teatro, com sua maquinaria cênica.

Por extensão, diz-se do desenlace mais feliz do que verossímil de uma situação trágica. Emprega-se no sentido figurado em relação a uma pessoa cuja influência é preponderante numa empresa de negócios ou numa iniciativa artístico-intelectual. Diz-se que fulano é um *deus ex machina* em tal ou qual situação, subentendendo-se que é uma eminência parda.

CITAÇÃO N. 4

> Enquanto a dramaturgia segue o *script*, a creaturgia deve funcionar simultaneamente (produção-ação). Na alma do autor/ator as figuras das *dramatis personae* vão surgindo uma após a outra e falam. Se imaginarmos o autor separado das personagens que surgem dele, observaríamos o seguinte processo: cada uma das *dramatis personae* seria o seu próprio criador e quem as combinaria, unificando-as em um todo, seria o poeta-produtor espontâneo, o autor, o ator. Aqui temos o conceito fundamental da representação espontânea. [...]

> A catarse da integração ocorreria nos atores espontâneos capazes de produzir as *dramatis personae*, para modificá-los e até liberá-los de seu mundo. [...] As *dramatis personae* são forças criadoras e curativas, o fundo temático do psicodrama é o próprio psiquismo doente ou sadio. A experiência psicodramática vai permitir a mobilização energética estacionada no mundo autístico e exclusivo de devaneios e fantasias, tornando os papéis egoico-sociais frágeis e doentios. (Moreno, 1977, p. 88)

COMENTÁRIO

A locução *dramatis personae*, em princípio, referia-se ao conteúdo dos cartazes expostos à porta dos teatros, nos quais constavam os nomes dos atores e dos respectivos personagens, à semelhança do que se faz hoje na apresentação dos créditos de um filme ou de um programa de televisão.

Com essa origem teatral, foi fácil Moreno assimilá-la em seus textos para referir-se aos personagens criados pelo autor/paciente em seu processo de tratamento e cura. No decorrer de seus escritos, Moreno refere-se às *dramatis personae* familiares (mãe, pai, filhos, irmãos) que, trazidas ao proscênio, expõem toda a dinâmica da novela familiar. Ele propõe, ainda, que entre terapeutas, egos-auxiliares e protagonistas estabeleçam-se relações télicas com as *dramatis personae,* tendo como *médium* o paciente e o mundo interno ali representado.

CITAÇÃO N. 5

> O diretor da representação espontânea deverá estar atento ao cronômetro, que indica a duração de cada cena e a da totalidade da obra. Se considerar que o ritmo da ação é demasiado lento ou demasiado rápido, poderá intervir para acelerá-la, ou retardá-la, ou encerrá-la, pois esse diretor é o "operador mental" através da cena. O diretor da representação espontânea deve ser capaz de atuar *sub especie momenti*. (Moreno, 1977, p. 128)

COMENTÁRIO

Essa locução latina deriva de outra, sua matriz: *sub especie aeternitatis*. Comecemos por entender essa expressão, que se encontra na *Ética* de Espinosa, para significar a paz que está em Deus e para a qual um dia seríamos convocados.

O psicanalista Gastão Pereira da Silva traduziu-a como "à luz da eternidade". O crítico literário Paulo Rónai formulou-a como "do ponto de vista da eternidade". A filósofa Marilena Chauí entendeu-a como "sob o aspecto da eternidade", fiel à visão de Espinosa, conforme a qual "*sub especie*" seria traduzido como "sob o aspecto".

No caso de J. L. Moreno, pois, a expressão por ele usada pode ser entendida como "sob o aspecto do momento", remetendo-nos à sua teoria do momento. O diretor, em carne e osso, de corpo presente, coordenando o tempo concreto da representação dramática "sob o aspecto do momento", no que as filosofias da existência denominam *hic et nunc*, aqui e agora, e onde Moreno deu o ar de sua presença original.

CITAÇÃO N. 6

> A atração grupal dos sexos desenvolve-se com a idade. Intersexual (indiscriminado) de 2 a 6 anos. O primeiro ciclo heterossexual acontece entre 3 e 8 anos; o primeiro ciclo homossexual entre 8 e 13 anos; o segundo ciclo heterossexual entre 13 e 18 anos e o segundo ciclo homossexual entre 14 e 19 anos. (Moreno, 1994, p. 189)

COMENTÁRIO

O vocábulo "homossexual" está tão impregnado de preconceitos, estigmatizado e anatematizado, muitas vezes furiosamente condenado, que os estudiosos de sexologia pretendem retirá-lo do vocabulário especializado.

Para isso estão sendo propostas as expressões "homem que faz sexo com outro homem" ou "mulher que faz sexo com outra mulher". Para substituir a palavra "homoerótico", estaria proposto: "homem que é atraído por outro homem" ou "mulher que é atraída por outra mulher". No lugar de "homoafetivo", seria "homem que tem afeição ou amor por outro homem" e "mulher que tem afeição ou amor por outra mulher".

Pode parecer uma complicação linguageira, mera fraseologia, porém seria o preço para exorcizar o peso de um estigma.

No texto de Moreno, heterossexual refere-se a "sexos diferentes" e homossexual a "sexos iguais". O contexto diz respeito tão somente ao gênero e não à orientação sexual. Mas o termo "homossexual", ali, fica deslocado e inadequado. Com a palavra, os tradutores e "copidesques".

CITAÇÃO N. 7

> Que linguagem era aquela que, segundo as Escrituras, foi a universal? Deve ter sido mais natural e primitiva do que aquelas que conhecemos, infralinguagem, possível de ser falada sem que seja preciso compreendê-la, que flui, natural e espontaneamente de todos os lábios. As linguagens dos bebês são formações espontâneas, de caráter autista (no sentido de suficiente a si mesmo). Embora diferentes da linguagem organizada do adulto, têm estrutura própria, são mais ato, ação, do que verbo; mais próximas do ato espontâneo do que da palavra congelada.
>
> A linguagem à qual se referem as Escrituras no mito de Babel – "E toda a Terra tinha uma só linguagem e uma só fala" – deve ter existido antes que os homens desenvolvessem as línguas locais, concretas, de nossas culturas recentes. Deve ter sido linguagem universal, pré-social, similar à do bebê, e também existente no adulto quando o desenvolvimento maduro da fala encontra-se desarticulado. É provável que tivessem ao seu dispor apenas a forma do discurso gutural, fonético, mímico, que, por mais disforme, irregular e dependente da interpretação subjetiva, exigia que as pessoas "sentissem umas às outras" em vez de falarem umas com as outras. É o que denominei linguagem básica ou primordial.
>
> A linguagem básica possui valores catárticos, como reservatório de expressão de espontaneidade ilimitada sem os freios das línguas oficiais.

> A descoberta da infralinguagem e o método da linguagem básica podem se tornar tão importantes para a ciência da comunicação quanto a descoberta do tele, do átomo social e das redes sociométricas foram para a formação dos grupos. Quem nunca viu a mãe conversando com o seu bebê de poucos meses de idade, assumindo o papel do bebê (invertendo papéis), bem como o seu próprio em perfeita consonância? (Moreno, 1994, p. 146)

COMENTÁRIO

No dizer de Jacques Derrida, o mito da torre de Babel é um mito da origem do mito, a metáfora da metáfora, a narrativa da narrativa, a tradução da tradução. Esse mito mostraria a multiplicidade irredutível das línguas, mas também, pelo viés do vir-a-ser da fenomenologia, a impossibilidade do acabamento, da totalização, a incapacidade humana de completar uma construção em seu sentido metafórico.

No livro bíblico do Gênesis, Babel vem a significar confusão. E Voltaire é que teria observado que Babel significa confusão de línguas, mas também confusão entre os construtores da torre. Como Babel é traduzida também como "cidade de Deus", diz-se, então, que Deus cravou com seu patronímico a origem das línguas, semeando a dissensão entre seus filhos, dispersando-os pelo mundo.

Faço essa breve observação histórico-conceitual porque ela é necessária para registrar uma intrigante conclusão dos estudiosos desse tema. Os construtores da torre teriam iniciado o projeto entendendo-se entre eles pelo sensitivo-relacional, o que nos ajuda a entender a argumentação de Moreno.

E mais: a língua básica ou primordial de J. L. Moreno não deve ser confundida com "a língua fundamental" do presidente Schreber e estudada por Freud no texto "Notas psicanalíticas sobre um relato autobiográfico de um caso de paranoia" (Freud, 1969, v. XII).

A língua primordial de que nos fala Moreno está mais próxima da A-língua com que Lacan pretendeu englobar, exatamente, as *jaculações elementares* por onde a criança entra na ordem simbólica, nascendo para a linguagem. Antes mesmo de nascer, a criança já estaria formando seu repertório de sons, a musicalidade da língua, o ritmo das palavras ressoadas no ventre materno. Após o nascimento, a criança estaria imersa na linguagem sonora e afetiva de seu meio cultural e familiar. Todos os sons da língua e da linguagem, então, se completariam, compondo o processo civilizatório. A base estrutural, porém, estaria na A-língua de Lacan ou na infralinguagem de Moreno, ambos os conceitos dando conta de "uma expressão de espontaneidade ilimitada".

CITAÇÃO N. 8

> Pelo menos em princípio há uma alternativa para o controle da natalidade que devemos trazer em mente como imperativo categórico, mesmo que nunca seja efetivado: deixemos com que todos nasçam e compartilhemos com eles as consequências. É preferível reduzir a expectativa de vida das populações existentes, para que nasçam todos os que forem concebidos.
>
> Se eu tivesse uma mente como a de Swift, poderia bem imaginar um mundo de ordem inversa, oposto ao nosso, no qual o suicídio ético das pessoas após os 30 ou 35 anos – como princípio religioso de combate à superpopulação – fosse tão natural quanto o controle da natalidade tornou-se para a nossa cultura.
>
> [...] Abram espaços para os não nascidos, para os recém-nascidos, para todos os nascidos, sem exceção. Cada vez que nasce um bebê, abra espaço para ele, tirando a vida de um homem ou mulher velhos. (Moreno *apud* Cukier, 2002, p. 192)

COMENTÁRIO

Somente a filosofia e a história da literatura nos oferecem elementos para entender o que isso quer dizer. Refiro-me à categoria filosófica da *redução ao absurdo* e às histórias construídas pela verve de Swift.

Reductio ad absurdum é um artifício da retórica pelo qual examina-se uma proposição para negar sua veracidade. Para isso, são desfiladas as consequências de sua ocorrência, caso a proposição seja correta. E o que se demonstra são conclusões absurdas e inaceitáveis, tanto do ponto de vista prático como do ponto de vista ético.

A redução ao absurdo lança mão de paradoxos, de modo a expor ao ridículo as posições e as afirmações do nosso eventual opositor.

A primeira notícia que se tem do uso desse argumento insólito inscreve-se na era grega dos pré-socráticos – entre eles, Zenão de Eleia.

Outro que deixou essa marca de raciocínio incomum foi Jonathan Swift (1667-1745). Nascido na Irlanda, doutor em teologia por Oxford, participou ativamente da política inglesa, posicionando-se com valentia a favor do povo irlandês. Suas produções literárias são consideradas de rara sensibilidade e, conforme os historiadores, ele talvez tenha sido o maior prosador da língua inglesa e o maior satírico da literatura universal. Seus escritos obedecem a um método de análise social rigorosa por ele criado, no qual ocorre "uma extraordinária subversão de expectativas, dos valores até então consagrados e dos estereótipos morais". Atinge a consciência de seus leitores causando-lhes espanto e horror. Retira-os da indiferença e da omissão, obrigando-os a pensar e a viver com a angústia do contraditório.

Toda a sua obra é classificada como humanística, sobressaindo o texto "Modesta proposição para impedir as crianças pobres da Irlanda de serem onerosas a seus pais ou a seu país" (1729), no qual utiliza-se do raciocínio pelo absurdo para promover uma sátira macabra. Ali, usando a linguagem dos economistas, ele propunha o consumo de carne de crianças irlandesas pelos adultos, de modo a abastecer o mercado consumidor inglês. Resolveria o problema da fome entre os adultos e o da explosão demográfica entre os recém-nascidos.

Conclua-se, pois, para acompanhar a ironia moreniana, temos de ampliar nossos parcos conhecimentos de literatura universal.

Finalizo com a expectativa de que esses oito exemplos nos animem a ler J. L. Moreno de maneira mais coerente, sólida, duradoura. Obrigado pela atenção.

12 RELIGIÃO E PSICODRAMA: RUPTURA NECESSÁRIA[25]

A habilidade com que as pessoas cultas combinavam a fé em Deus e a confiança na ciência era algo que Freud achava um tanto espantoso e muito engraçado.
PETER GAY, *Um judeu sem Deus*

Antes de ir ao centro do assunto neste capítulo, creio que se faz necessário registrar e ultrapassar uma questão que me ocorreu, evitando assim repetir confrontos como os do começo do século XX. Pergunto-me se em nossa época atual ainda há espaço para choques entre a fé religiosa e uma psicologia materialista; para embates de psicanalistas anticlericais *versus* sacerdotes e teólogos; para rancores dos fundamentalistas contra ciências iconoclastas; para desencontros entre descrença e ceticismo e a esperança de salvação.

E, para não me perder na interrogação, reafirmo minha crença de que têm havido, no correr do tempo, mudanças histórico-culturais suficientes para produzir respostas não maniqueístas diante da dúvida esboçada.

Do velho e sempre retomado Immanuel Kant, extrai-se aquele imperativo categórico sem o qual a religião seria uma farsa: "Todo homem tem de ser respeitado como um fim absoluto em si mesmo."

25 Texto originalmente apresentado na Sociedade de Psicologia de Campinas, em 26 de agosto de 1995, na mesa-redonda coordenada pelo prof. Rubem Alves, sobre o tema "Religião nas psicoterapias".

Do novo e instigante Alain Badiou, apanha-se a reflexão ensaística, sem a qual a ética seria uma mentira: "O Bem só é Bem na medida em que não pretenda tornar o mundo Bom".

Pois é com base nas noções de *homem* e de *bem* no pensamento de J. L. Moreno que tentarei armar minhas poucas ideias e, por meio delas, demonstrar como o criador do psicodrama se movimentou entre os apelos da religião e as exigências da ciência, sem os riscos da defrontação indagada.

Entre os que adotam a proposta da psicoterapia psicodramática, sua atitude pessoal e suas crenças particulares ecoam não como imposição tacanha, mas como possibilidade criativa e inovadora. Vejamos:

Entre o final do século XIX e o início dos anos 1930, a Europa Central viveu a explosão industrial, com a consequente expansão do capitalismo.

Em oposição à vida industrial, à mercantilização e aos conhecimentos ditos técnico-científicos, surgiu ali, por aquele tempo, um amplo e fundo movimento que pregava a crítica radical da civilização industrial-burguesa, o retorno à religião e à preocupação com a espiritualidade.

Era o movimento do anticapitalismo romântico, tentativa nostálgica de reencontro de um mundo mais puro e ingênuo. De índole humanista, ganhava seus adeptos principalmente nos meios acadêmico e universitário. Por meio de tal movimento, almejavam-se valores pré-capitalistas nos níveis ético-religioso e sociocultural, e sobressaíam-se os *Wandervögel*, jovens andarilhos que, em grupos, se esparramavam pelos arredores das grandes cidades, buscando a vida ao ar livre, o contato com a "mãe natureza" e, sobretudo, a religiosidade. Esse acontecimento, no caso particular da juventude judaica, tinha outras implicações, que podem ser resumidas como indagação histórica da sua identidade cultural.

Dos livros e das leis do Velho Testamento, passando pela erudição do Talmud e pela concepção de mundo da Torá, os jovens judeus tentavam construir seus caminhos libertários. Um desses caminhos, naquele momento, era a retomada do misticismo cabalístico e dos ensinamentos hassídicos.

De modo geral, a procura girava em tomo do "Princípio Cósmico" e da tarefa de nele unir e reunir todos e tudo. Mas essa integração não deveria ser feita por diletantismo: realizar-se-ia por meio de um sistema teórico-prático de acordo com o qual as exigências primordiais seriam a participação comunitária, o envolvimento com o próximo e a ação pragmática.

No plano espiritual correspondente, as almas seriam ligadas entre si por caminhos subterrâneos. Sendo elas próprias centelhas, emitiriam "centelhas divinas", espalhando-se por todo o universo e impregnando todas as coisas e todos os seres. Essas centelhas se desprenderiam, num movimento de elevação, toda vez que o homem entrasse em comunhão com Deus, adicionando à sua vida de ação elementos da contemplação religiosa. As "centelhas divinas" traduziriam as tendências da alma.

Moreno viveu com acentuado entusiasmo e contemporaneidade as decorrentes preocupações de sua geração. Participou do grupo de jovens andarilhos (*Wandervögel*), fundando a chamada "religião do encontro".

Esses jovens pretendiam se ajudar mutuamente e ajudar aos outros. Passeavam por ruas, jardins e estradas e, quando encontravam pessoas tristes ou carentes de afeto, aproximavam-se para dar-lhes atenção, carinho e ajuda. Depois, iam às suas casas, procurando levar-lhes alegria por meio de cantos e danças. Quando necessário, recolhiam-nas à "Casa do Encontro", uma mansão sustentada por doações e destinada a abrigar desalojados, migrantes e refugiados.

Desse período (1914) é o poema "Convite ao encontro".

Mas o grupo não parou nas perambulações, solidariedades e tertúlias poéticas. Propuseram-se a construir um sistema filosófico denominado "seinismo" – a ciência do ser. Arroubos da juventude? Na vida adulta, Moreno tentou recuperar para esse intervalo intelectual juvenil o *status* de movimento, a que chamou "existencialismo vienense".

Kellmer, o mais velho do grupo, funcionava como tutor daqueles jovens e, sendo cultor do hassidismo, repassava-lhes os ensinamentos da seita. Foi o mais dileto amigo de Moreno, que o chamava Chaim.

Segundo Moreno, seis foram os princípios teóricos norteadores dos "seinistas":

- A significação indivisa do Ser e o esforço constante de manter, momento a momento, ininterruptamente, o fluxo natural e espontâneo da existência.
- A bem-aventurada bondade de todas as coisas existentes.
- O instante – não como função do passado ou do futuro, mas como categoria em si.
- A ideia de situação e os desafios que ela implica.
- A ideia de espontaneidade e criatividade como processo universal de conduta, contra os clichês e as normas de cultura já superadas.
- A urgência de viver imediatamente a realidade desses princípios.

A religiosidade e a filosofia de Moreno eram estruturadas de tal forma, com tamanha convicção e lealdade, que vararam toda a sua vida, repercutindo desconfortavelmente em sua lide profissional pela evidente má vontade em aceitar um "místico" entre os "homens de ciência".

Hoje, quando se estuda a teoria psicodramática, identificam-se, em seus itens fundamentais, ideias representativas da expansão e da superposição das principais preocupações hassídicas e "seinistas".

Para divulgar as preocupações do grupo, Moreno publicou, anonimamente, um livro com o título *Das Testament des Vaters* (1920), depois trazido a lume como de sua própria autoria, traduzido para o inglês como *The words of the Father* (1923).

O lançamento da primeira edição, sem dono, foi precedido por uma pichação em letras vermelhas nos muros de Viena. Aqueles jovens queriam anunciar ao mundo suas convicções e o faziam de maneira panfletária.

A alegoria do Deus que fala na primeira pessoa do singular, escreve, faz versos com as dores e as alegrias do mundo e prega diretamente ao seu leitor pode causar espanto, num primeiro momento, se não identificarmos nela a imaginação fértil e o coração do artista desejoso de revolucionar.

Sem dúvida, sua vocação tangenciou a do *tzaddik*, chamado "auxiliador da humanidade", e a do profeta, anunciador de boas novas. E não são eles os poetas de Deus?

O poema exalta o Deus-criador, o que existiu antes do *Sabbath*, no exato momento da concepção e da criação dos mundos. O poeta-místico quer o homem criador, pois será no ato da criação que ele se aproximará de Deus.

Falar como Deus é fazer a inversão da mitologia cristã, em que Deus faz o papel do homem na pessoa de Jesus. Mais tarde, na fase científica de Moreno, falar como Deus é simplesmente fazer uma *inversão de papéis*, técnica fundamental do psicodrama e essencial para as psicoterapias.

O poema pretende, ainda, identificar o homem cósmico. E quem é ele?

Não é aquele homem sujeito às forças eletromagnéticas dos planetas. Não é o das viagens interplanetárias inauguradas no final do século XX.

Poderia ser o homem simbólico a caminhar da desorganização do caos para a sistematização dinâmica do cosmo, como propõe a moderna psicologia.

Não é apenas o que se preocupa com seu lugar no mundo - de onde vim, o que sou, para onde vou? Não é somente o que se interroga: quem criou o mundo? Não é unicamente o que domina a natureza para colocá-la a seu serviço.

Para Moreno, o homem cósmico é o da cosmogonia cabalística. Aquele de movimentos e reflexões para a compreensão do universo como expressão de Deus, por meio da chave da "árvore da vida", em que o microcosmo (o homem) e o macrocosmo (Deus) unem-se, realizam-se, tornam-se religião.

Também Jesus exercera um encantamento sobre ele desde a adolescência. Dizia-se mesmo que, nesse período de sua vida, tivera um diálogo com Cristo. Não importa que tenha sido uma ilusão hipnagógica, uma alucinação ou uma de suas algaravias para escandalizar. Parece-nos ter sido um diálogo psicodramático, pois ocorreu diante de uma estátua de Jesus Cristo na praça pública da cidade alemã de Chemnitz.

Sua mãe fora educada num colégio católico e, portanto, deve ter passado para os filhos o respeito por aquela figura que, na visão cristã, não é um profeta entre tantos outros que habitaram Israel, mas o próprio Deus.

Entretanto, Moreno não se definia nesse detalhe. Ora referia-se a Cristo, ora a Jesus. Sabe-se que o nome Jesus remete-o às origens judaicas, por ser um nome relativamente comum na Galileia. Já o título Cristo, do grego "o ungido", "o escolhido", envolve uma universalidade – como a que tinha a língua grega naquele período da história. Falar de Jesus é falar do profeta. Falar de Cristo é falar da divindade.

Podem ser levantados inúmeros pontos nos quais Moreno tenha ido buscar sua identificação com Jesus: ambos eram judeus sefarditas; ambos se interessaram pelas crianças, convocando-as a se aproximarem de seus cuidados; como Cristo, ele tinha o sentido existencial do *aqui e agora*, lançando mão de parábolas que eram seus contos; ambos aproximaram-se da cabala mística e eram homens de ação. É de Jesus a ideia contida nos temas morenianos: "O homem deus do homem" – que o catecismo holandês transcreveria: "Deus oculta-se no homem e diz: 'Eis-me aqui'."

A alegria hassídica cultivada pelos "seinistas" é também a alegria da visão cristã do mundo; uma alegria que não é apenas entendida nos limites dos sentimentos humanos, mas, principalmente, na identificação da "alegria" do Deus encarnado. Moreno procurava identificar-se com o Cristo peregrino, quando saía mundo afora ensinando suas ideias, e mais ainda quando socorreu os excluídos, na cena das prostitutas e no capítulo dos refugiados da Primeira Grande Guerra, desdobrando-se no trabalho na penitenciária de Sing Sing e com as delinquentes de Hudson.

Alguns autores se perguntam, dado o intrincado da obra e da vida do criador do psicodrama: quando fala o profeta? Quando fala o terapeuta?

Ele próprio daria a resposta ao afirmar que, em certo momento, superada a etapa religiosa de sua vida, em vez de fundar uma seita, ingressar num mosteiro ou criar uma teologia, aproveitara a ideia da espontaneidade como matéria primordial para se rebelar contra o falseamento das instituições e a robotização do ser humano.

Estava posto, de forma insofismável, o corte essencial de sua história, que lhe permitiria uma transformação significativa nos conteúdos da construção de seu pensamento e das categorias ideativas de sua profissão.

Essa passagem de Moreno, sem dúvida, foi facilitada por sua identificação com o hassidismo, pois essa seita pretendia que religião e ética pudessem conviver em um só propósito.

Lúcido e atilado, com ideias e sentimentos contemporâneos do momento em que vivia nos Estados Unidos (1925), J. L. Moreno criou a sociometria e a psicoterapia de grupo. Para esses novos paradigmas da psiquiatria e da psicologia social, trouxe de sua origem religiosa os conceitos de homem e de bem, que se encaixam perfeitamente no que chamou de ética psicodramática.

Ao contrário da ética individual, que considera certos deveres pessoais pelos quais se pauta o comportamento do indivíduo, a ética de grupo tem repercussão em regime de mutualidade, isto é, em expectativa comum. A atenção é de um para o outro, num movimento de várias mãos. Com base nisso, o grupo constrói suas regras, objetiva a meta, determina as atividades e estabelece as sanções aos faltosos. A liberdade do indivíduo e a exigência do grupo social terão sempre de encontrar caminhos conciliadores.

Moreno propôs o "juramento do grupo", para ser cumprido no decorrer da formação grupal, em contrapartida ao "juramento hipocrático". Os participantes do grupo seriam levados, progressivamente, em momentos oportunos, a compreender sua responsabilidade para com os sentimentos do outro, a cuidar da relação entre os companheiros sensibilizados para externar uma conduta leal e honrosa de cada um para com todos.

Mas a ética psicodramática não se resume a isso. Não se trata de um posicionamento conservador que se repete como fórmula ou hábito. Para Moreno, ela deverá se inspirar na vida dos revolucionários, dos heróis e dos santos, fundada no entusiasmo, na coragem, na emoção, na fé. Deverá estar presente em movimento espontâneo e dinâmica criadora, superando o binômio permissão-interdição.

Sempre aberta, procurará executar, nos meandros da humanidade do ser, a dialética do bem e do mal, do instinto e da razão, do público e do privado, do indivíduo e do coletivo, da inércia e da ação, do passado e do futuro, do consciente e do inconsciente, para resgatá-la em sua apreensão última: a liberdade, que é a verdade.

E, mais além, será uma ética que possa se dedicar à transfiguração do homem, munindo-o de elementos para que se oponha à robotização, à rotina intelectiva, ao desamor, à destrutividade.

Por meio da coexistência, da coação e da coexperiência, permitirá a recuperação da espontaneidade, da sensibilidade e da criatividade, rompendo padrões estereotipados do comportamento e das emoções. E a alegria pertencerá ao cotidiano de todos.

Com o psicodrama, a alma será lançada na busca do sonho, projetada, no tempo e no espaço, para a frente, onde o horizonte se encontra; a fantasia será o alvo a ser atingido, pois é o primeiro passo para a realização do desejo (impossível?): tratar os pequenos grupos sociais e, a partir daí, toda a humanidade. É a sociometria de J. L. Moreno. A ética psicodramática se chama revolução criadora, a sua utopia.

Por meio dela, busca-se reconhecer a alteridade para a superação do narcisismo, que paralisa a relação; busca-se confirmar a relação autêntica, que é a remoção da truculência matadora de ideias, de desejos e de gentes; busca-se a criação estética, que conforta e humaniza a pessoa.

O retorno à espiritualidade, que de tempos em tempos ocupa corações e mentes pela crença e pela fé, só obterá resposta transcendental quando o deus existente em cada ser se revelar ao outro.

Não importa que esse deus venha a se chamar verdade, desejo, mistério, inconsciente, transferência, tele, inter-relação ou simplesmente amor. Desvelá-lo é tarefa terapêutica do psicodrama.

13
O SILÊNCIO NO DIÁLOGO TERAPÊUTICO[26]

O analista deve saber que aquilo que o
embaraça está ali justamente para embaraçá-lo.
CHERTOK e STENGERS

Ao iniciar o presente texto, devo expor minha convicção de que o psicodrama, em qualquer de seus campos, é proposta a ser realizada em contextos grupais. No entanto, o psicoterapeuta psicodramatista depara, em sua clínica, com pessoas que não desejam participar de grupos ou que não estão indicadas para esse tipo de cuidado, o que nos coloca a questão: o que fazer?

Desse desafio, surgiram como respostas algumas derivações inteligentes criadas no movimento psicodramático brasileiro: o psicodrama bipessoal, a psicoterapia da relação, o psicodrama interno, a análise psicodramática e outras tentativas. Todas essas pesquisas inspiraram-se nos protocolos clínicos de J. L. Moreno (1959), nos quais ele apresentou vários casos de "psicodrama individual", sem grupo, com uso ou não de egos-auxiliares.

Particularmente, posiciono-me de maneira distinta ao procurar, pelo viés do método fenomenológico existencial, um modo coerente de exercício da especialidade, resultando no denominado *diálogo terapêutico*.

O diálogo terapêutico, como eu o entendo e pratico, tem tradição na analítica existencial, nas psicoterapias interpessoais propostas

26 Texto publicado originalmente no livro *Quando a psicoterapia trava*, organizado por Marina da Costa Manso Vasconcellos (São Paulo: Ágora, 2007, p. 197-214).

por J. L. Moreno e H. S. Sullivan, colhendo, ainda, contribuições compatíveis da psicanálise, sendo ponto de partida e ponto de chegada. Por ele começamos e finalizamos o procedimento individualizado pretendido, permitindo-nos firmar ali o espaço da psicoterapia na clínica psiquiátrica.

Diga-se de passagem, clínica é palavra grega, *klinikê*, significando leito ou, mais precisamente, "medicina exercida à beira do leito"; outrossim, em processo de transformação semântica, é dita: "atenção médica dada a pacientes que retornam à sua casa depois de uma sessão de tratamento".

O que caracteriza sobremaneira a clínica é a qualidade de humanização das relações exponenciadas na díade paciente-profissional (médico, psicólogo etc.). E qualquer humanização se dará por meio das palavras, conforme nos ensina o princípio dialógico de Martin Buber.

A representação verbal, isto é, a fala ou, mais apropriadamente, a palavra, recebe, organiza, mantém, transforma e explicita as expressões de afeto. O processo de comunicação humana, em sua pragmática, está sustentado até hoje pela retórica aristotélica, na qual há uma pessoa falante (quem), uma fala pronunciada (quê) e um ouvinte (quem). Com base nessa equação inicial e primária [q1 + q2 + q3 = *f* (relação humana)], desenvolve-se o estatuto em que se identifica o percurso da linguagem, do desejo, do inconsciente e da lei.

A fala é, em si, um modelo criativo de comunicação. Com base em um conjunto finito de palavras, pela polissemia dos significados, abre-se um contingente de variadas expressões capaz de intermediar o mundo vivencial interno com o mundo experiencial externo. Enquanto o estudo do pensamento diz respeito a ideias, o estudo da linguagem refere-se a palavras, de forma primordial – porém, desdobrando-se na escrita, no gestual, na estética dramática, no sistema onírico.

Mediante o pressuposto de que o paciente a quem se indica a psicoterapia tenha passado por uma triagem cuidadosa, de diagnóstico psicopatológico correto, temos esboçados três caminhos terapêuticos:

- tratamento medicamentoso;
- psicoterapia;
- associação das duas propostas anteriores.

Pode-se deduzir que, quando o paciente chega ao atendimento psicoterápico, portanto, as eventuais razões de alguma incompreensibilidade de sua fala já tenham sido estudadas. Razões mecânicas (mudez e tartamudez, por exemplo), léxico-culturais (escolarização, dialetos, segunda língua), emocionais (gagueira, novamente como exemplo), subjetivas (conscientes ou inconscientes), da ordem do desejo e da psicopatologia profunda (esquizofrenia, melancolia etc.).

Depois das entrevistas preliminares, o início da psicoterapia será acionado quando tivermos a conjunção de, pelo menos, quatro fatores: a demanda do cliente, a disponibilidade do profissional, o diagnóstico e o contrato, em um processo rotativo, conforme a figura 1, no qual cada fator é tão importante quanto o outro, e todos convergem para um centro único: o diálogo terapêutico.

FIGURA 1 – CONJUNÇÃO DE FATORES NO INÍCIO DA PSICOTERAPIA

DEMANDA DO PACIENTE

A psicoterapia começa quando o paciente a solicita, traduzindo vontade ou desejo de se tratar, que vai se densificar no decorrer do processo.

A demanda coincide com a autorização que o paciente nos dá para submeter-se a nosso método de atividade. "Necessita de tratamento quem demanda." Na linguagem jurídica, o termo "demanda" refere-se a intentar ação judicial, pedir, requerer, disputar, litigiar. Como termo poético, diz-se do combate, da guerra, da peleja. Na economia política, diz da quantidade de produto ou serviço de que uma comunidade está necessitando. Demanda quem necessita, requer e "briga" para tal. O termo "protagonista", em grego, diz exatamente isso: "aquele que luta para ser o primeiro".

Nas psicoterapias, o termo "demandar" extrapola as definições de queixa ou relato. A queixa ou o relato vêm antes, abrindo alas para a demanda; e esta, bem estudada, explicita o desejo. Demanda, pois, trata da motivação do paciente – é o próprio sujeito que tem de querer a psicoterapia, mobilizando a escolha real e verdadeira.

Freud debitou à transferência positiva (amorosa, amistosa) a expressão do querer tratar-se; o que, mais tarde, outros autores chamaram de "aliança terapêutica".

DISPONIBILIDADE DO TERAPEUTA

O terapeuta deve estar mobilizado pelo caso que se lhe apresenta ou simplesmente motivado a trabalhar, disposto a enfrentar todos os riscos de um jogo do qual conhece o início e o fim, mas não sua evolução. Por isso, diz-se que disposição e disponibilidade devem andar juntas, como formas de uma intenção culturalmente desejada.

A cada sessão, o terapeuta deve entrar com um estado de espírito diferente do da sessão anterior, com ânimo original e entusiasmo para doar seu tempo, sua atenção e suas energias a uma lida exigente. Isso posto, é o que induz e facilita a participação do paciente de maneira fluida e clara.

Ao terapeuta cabe a boa educação, a simpatia espontânea e natural próprias do cidadão de boa formação. Não há lugar para impaciência e rispidez no trato terapêutico. Não se pode esquecer de que quem necessita de cuidados é o paciente. Não só pelo sofrimento que o leva ao tratamento, não só pela eventual doença (psíquica ou orgânica) subjacente à sua demanda, mas também pelo desamparo em que se encontra. A tão declamada resistência do paciente em dar conta da participação muitas vezes está no próprio terapeuta.

O doutor T. R. Harrison, expoente da clínica médica norte-americana, escreveu:

> A irritabilidade e a exasperação do médico podem às vezes representar não o protesto lógico contra a falta de cooperação do paciente, mas sim a sensação básica, não inteiramente consciente, de insegurança do profissional. O tratamento psicológico do paciente deve ser iniciado pelo tratamento psicológico do próprio terapeuta.

DIAGNÓSTICO

Estudar o paciente nos vários aspectos diagnósticos é a maneira de dar munição para o profissional entender o que está acontecendo e, com isso, não entrar, ele mesmo, em pânico. É sempre atual o axioma médico: "Cura o que se conhece, conhece-se o que se sabe, sabe-se o que se estuda". O estudo diagnóstico tem função bem estabelecida na clínica psiquiátrica e nas psicoterapias. Por meio dele, é possível estabelecer as estratégias do tratamento.

J. L. Moreno indicou-nos três tipos de convalidação diagnóstica: a existencial, em que o método fenomenológico-existencial se apresenta; a estética, das representações cênicas dos contextos grupal e psicodramático; e a científica, em que se inclui o discernimento das afecções e suas relações dinâmicas com a psicopatologia.

Cinco são as possibilidades do conhecimento psiquiátrico da saúde e da doença: a clínica, a estrutural, a dinâmica, a relacional (própria do psicodrama) e a existencial (o modo de ser de cada pessoa). Remeto o leitor a meu livro *Psicoterapia aberta* (2006) para mais esclarecimentos sobre o assunto.

CONTRATO

O contrato, de certa forma, reúne as "regras estabelecidas" para a relação terapêutica funcionar como um jogo, o jogo do dizer e do calar, no qual possa surgir a verdade do desejo. Qualquer jogo exige pressupostos civilizados e, como exemplo, temos o jogo de xadrez, em que as regras são a ética dos enxadristas.

É clássico afirmar nesse pacto a instrução dada ao cliente: fale sem se criticar, fale pelo livre pensar. O sujeito, ao propor tratar-se, tem de "produzir" material de sua realidade psíquica e de sua experiência factual, sem o que a tarefa não é possível.

Todo profissional "psi" disposto a ser terapeuta cria um estilo de trabalho espontâneo e criativo com base em desejada simplicidade: horários, frequência, honorários, consultório, trajes e aspecto pessoal – aqui incluídas expressão e conduta – devem ser tratados com bastante autenticidade, sem complicações burocráticas.

O profissional deve exercer seu ofício nos limites da capacidade física, da tolerância mental e de seu equilíbrio emocional. Paciência infinita e bom manejo técnico farão parte do dom de cada um. As regras teóricas e o expediente prático serão apresentados já no início da atividade, no que se chama "contrato", mas sem exigir do paciente os papéis de aluno aplicado ou de filho obediente.

Nesse item, inserem-se algumas informações pedagógicas sobre a psicoterapia, como ela funciona por princípio, e o essencial: sobre o discurso do paciente. As partes têm de estar acordes de que ao paciente caberá expressar-se com mais frequência, para ser compreendido nas necessidades, nos desejos, em seus sofrimentos e em suas dores e na intenção de fazer transformações. No acordo, algumas informações de ordem didática são passadas ao cliente, entre elas a de que o processo evoluirá tanto melhor quanto maior for sua participação.

O contrato, também chamado de "premissas iniciais", consiste em um conjunto de intenções entre terapeuta e cliente, em que se estabelecem normas de convivência.

FALANDO DO SILÊNCIO

Silêncio é o estado mental de quem se cala, abstendo-se de expressar-se pela fala. Trata-se de privação voluntária de resultado mais amplo: o não escrever, o não publicar, o não manifestar os pensamentos e as opiniões, o não comparecer, o não participar, o não querer e o não desejar.

O silêncio é cúmplice do sigilo, do mistério e do segredo. É comparsa do autoritarismo, da censura e das ditaduras (externas e internas).

É também companheiro das repressões religiosas, como o "silêncio obsequioso" imposto pelo Vaticano a seus membros em determinadas ocasiões. Mas também está presente nos ambientes silentes das contemplações místicas, onde as meditações têm como zênite a iluminação. Ele faz par com a morte, com Tânatos, com a perplexidade do não ser.

Em termos filosóficos, temos de considerar a quietude um momento reflexivo. Reflexão é a capacidade de concentrar-se sobre si mesmo, permitindo ao espírito divagar sobre ideias, sentimentos, representações, desejos. Compreendida desse modo, é uma virtude que dá conta dos fatos, sopesa os juízos, controla a impulsividade. Quem reflete pensa, contempla, medita, voltando-se para si mesmo com a intenção de colher frutos maduros da ponderação fértil. O moralista Baltasar Gracián predica: "É no silêncio que a prudência se refugia."

Na poesia, a quietez é a intensidade da vida espiritual em busca do infinito. Como nem todos são poetas, para alguns é terrível entrar no processo imaginativo da expressão livre, espontânea e criativa.

Como afirmação da identidade, o emudecer traduz o espanto da pessoa por ser-lhe dada a liberdade de se expor, talvez uma novidade para sua vida expressiva.

A fala abafada leva-nos a pensar no marasmo psíquico, na contenção do pensamento, na inércia mental. Trata-se de quadro psiquiátrico de importante amplitude, expresso na incapacidade fonética, o que significa, às vezes, a dificuldade de entrar na relação afetiva com o outro.

O silêncio ocorre não só durante o processo terapêutico propriamente dito, mas também durante as chamadas fases pré ou para-

-análise, em que se incluem as entrevistas preliminares, a psicoterapia de apoio, o aconselhamento e a ação de ajuda.

AVALIAÇÃO E HIPÓTESES CLÍNICAS

William James, citado por Laing, dizia que o não querer se comunicar é "a punição diabólica jamais inventada".

A indisposição do cliente em comunicar-se pode ter conteúdos conscientes e inconscientes. Se consciente, permanece no plano da "má vontade" ou, simplesmente, da "não vontade". Perscrutar esse subjetivo é tarefa do terapeuta. Vários autores ensinam que o paciente se nega a "entrar" no processo terapêutico por medo, orgulho, amor-próprio, empáfia ou arrogância. O paciente gostaria da participação do terapeuta em seu sofrimento, mas sem que ele se intrometa em sua vida. O pensamento predominante seria: "Não posso aceitar a ideia de ser libertado por outro que não seja eu mesmo" – máxima do oracular François La Rochefoucauld, citado por Lacan para dar dimensão ao amor-próprio.

O estudo da sintomatologia neurótica da infância (que não deve ser confundida com a neurose do adulto) mostrará o paciente como filho de família ansiosa, supercrítica, com laivos de sadomasoquismo em suas relações identificatórias, em que a criança, um dia, sentiu-se abandonada, fragilizada, tornando-se incompetente para enfrentar o mundo social, resultando no adulto inibido e tímido.

Muitas vezes, o silêncio apresenta-se como núcleo incompreensível e, como no "umbigo do sonho", não se tem acesso à linguagem escorreita e ao pensamento claro que a precede. No entanto, como diz Radmila Zygouris, "Abrir-se ao pensamento não é algo fácil. Às vezes, são necessários anos para familiarizar-se. Alguns analisandos nunca chegam lá. Outros são muito talentosos. E isto não tem relação alguma com as normas da psicoterapia."

O silêncio prolongado do adolescente é um comportamento bem conhecido pelas famílias. E parece-nos dizer tão somente de seu medo do pai repressor. Acrescente-se a isso o silêncio fóbico, o medo de dizer bobagens, asneiras e quejandos.

A ausência total e ininterrupta da vocalização indicaria a possibilidade de o paciente estar regredido ou até mesmo psicótico. O autismo em expressão temporal maior, impondo-se de maneira absoluta, é preocupante e requer outros modos de intervenção.

O silêncio apresenta-se, ainda, como reflexão de paz elaborativa, um jeito não verbal de comunicar-se, como mecanismo de defesa, negativismo depressivo, agressividade contida, sexualidade recalcada, dificuldade de pensar e de explicitar o pensado, ideação obsessiva. Também pode ser pensado como pulsão de morte e expressão de desamparo e medo.

Para Ferenczi, o psicoterapeuta estaria no lugar de todos os interlocutores da vida anterior do paciente que, provavelmente, não o escutaram. Pode, então, ser percebido pelo paciente como nova ameaça, reativação de ansiedades primitivas.

O estado de introspecção pode fazer parte do comportamento do paciente que Betty Joseph (1975) chamou de "o paciente de difícil acesso", e que Joyce MacDougall (1972) denominou "casos difíceis", caracterizados basicamente por viscosa resistência a mudanças estruturais por apresentarem uma inação caracterológica defensiva.

O silêncio como tentativa de sedução é hipótese a não ser desprezada. Devemos perguntar sempre: a que estrutura psíquica pertence o cliente calado? À neurose? À psicose? À perversão? Inúmeras versões são estabelecidas para o entendimento da "distração" no diálogo terapêutico: birra infantil, equívocos do discurso, expressão dramática de um sentimento, pedido de ajuda, sentimentos de inveja e competição e o sentir-se ameaçado pela "onisciência" do terapeuta.

O profissional pode levantar inúmeras hipóteses, até as mais incríveis, sem obrigação de repassá-las ao paciente: ímpeto assassino, erotismo dirigido ao terapeuta, desejos suicidas, canibalismo, medo do sadismo do terapeuta, dúvidas sobre o saber do terapeuta. Questões e hipóteses fazem parte do exercício de pensar do terapeuta, e a oportunidade de comunicá-las compõe a cuidadosa tarefa de intervenção.

O estar pensativo traduziria obstinação, procrastinação, manobra a favor da estagnação do processo terapêutico ou incapacidade de fazer associações de ideias e de explicitá-las. Será o paciente portador de um segredo que teme revelar? Traria ele, em seu imaginário, a ideia de que os terapeutas comentam as sessões em suas rodas sociais, com risco de identificá-lo? O silêncio é uma forma de *acting in*.

No deprimido, é capítulo importante e deve ser reconhecido de forma adequada. A depressão leva a pessoa para dentro de si mesma, retraindo sua rede sociométrica e desvalorizando seu átomo social.

Personalidades introvertidas, com expressão de timidez e fobia social somadas à agressividade requerem diagnóstico mais refinado: pré-esquizofrenia? Caracteropatia?

Diagnóstico delicado é o da personalidade narcísica. Sendo aquela que não tem outro objeto de desejo senão ela mesma, não é capaz de participar do processo transferencial e, muito menos, do fator tele moreniano. Sem fazer trocadilho com a lenda, diz-se que Narciso não permite Eco em suas relações. O silêncio seria uma forma de atestar tal afirmativa.

Pessoas infantilizadas trazem uma gama de comportamentos característicos de seu estado, justificando um modo de ser acanhado: deficiência na capacidade de observação do outro, dificuldade de tomar decisões, possibilidade prejudicada de expressar-se, sentimento precário de identificação etc.

A privação da palavra pode surgir como sintoma da revolta íntima de não aceitação da assimetria relacional paciente-terapeuta, disputa narcísica invejosa, com a fantasia de que por meio da mudez ele (cliente) vencerá o jogo estabelecido com o terapeuta, traduzido no pensamento: "O terapeuta não vai mandar em nada, eu vou conduzir o diálogo." Talvez exista a vontade de desqualificar e destruir o analista ou, mais precisamente, objetar e obstruir seu sucesso clínico ou tomar seu lugar de confidente. Muitas vezes, o calar-se é "arma" do perverso para não permitir a constituição de seu terapeuta, um modo de ameaçá-lo, criando-lhe medo, insegurança e exacerbando-lhe os conflitos pessoais e profissionais.

O médico pode ater-se, ainda, ao que popularmente é chamado de "dar branco" – o vazio do pensamento, menos próximo do *white*, correspondendo, sim, ao *blank* do inglês. *Blank* significa neutro e, por extensão, neutralizado. Diante de um sentimento ambíguo ou de dois pensamentos contraditórios, o pensar paralisa-se, é neutralizado, dá branco.

Jules Masserman, estudioso das ur-ansiedades, coloca a "boca fechada" como a descrença e a desconfiança do cliente em relação a outras pessoas na vida de modo geral.

CONTRIBUIÇÃO DA PSICANÁLISE FREUDIANA

A psicanálise pode ser vista como um método de psicoterapia e como ciência de pesquisa do funcionamento mental e da estrutura da personalidade. Desse segundo viés, garimpei algumas hipóteses a respeito do silêncio no diálogo terapêutico.

REPRESSÃO, RECALCAMENTO OU RECALQUE

Em princípio, a repressão é definida como tática ou método de defesa usado pela mente humana para evitar que tenham acesso à consciência as excitações ou, mais precisamente, as representações desconfortáveis, ligadas ou não à pulsão, diante das exigências do próprio ego.

O ego organiza-se pelo perigo que corre de perder o controle e "fazer" uma loucura. Também pelos medos: o medo menor de ser julgado, condenado e punido, e o medo maior de ser aniquilado. Assim, esse mecanismo de defesa controla a pulsão, organiza o ego e assegura o amor do objeto.

Depois de certo momento histórico, todo e qualquer acontecimento psíquico responsável por um conflito ameaçador de desconforto e ansiedade passou a ser considerado passível de ser reprimido. Isso ocorreria por exigências psicológicas, morais, socioculturais e outras de semelhantes naipes.

Assim, atuação sexual fora de contexto, má-educação, paixões condenadas, impulsos ditos imorais, agressividade, incesto, maldade, inveja, atos antissociais, ódio, ciúmes, perversões, desejos parricidas, matricidas, filicidas, fratricidas, suicidas, assassinos, tudo passou a compor o *lixo* a ser distanciado da luz do processo civilizatório.

Diversas formas de esquecimento, titubeios no discurso corrente, gagueira, silêncio, timidez, mau aproveitamento escolar, desorganização de vida e neuroses, de modo geral, são aspectos clínicos da repressão.

Da repressão surgem "freios emocionais poderosos" – pudor, vergonha, repugnância, normas morais, gostos e preferências, atividades artístico-culturais, pesquisas científicas, interesses intelectuais e religiosidade, entre outros.

A repressão está visceralmente incluída na pauta comportamental do homem civilizado. Ela é inevitável, necessária e indispensável para a estruturação do desejo humano.

INIBIÇÃO (BURRICE EMOCIONAL)

Pouco valorizado, esse mecanismo talvez seja o mais presente nas várias formas de neurose. Algumas vezes, é chamado de "bloqueio emocional" e "bloqueio da criatividade".

Por ele são inibidas funções expressivas da constituição da pessoa: percepção, psicomotricidade, fenômenos cinestésicos, funções corporais e a capacidade para relacionar-se com o outro. Falhas intelectuais e linguísticas, dificuldades para as trocas afetivas, falta de "malícia", perplexidade diante do sexo e ausência de ação diante da agressividade são outros sintomas da inibição.

O silêncio excessivo, traduzindo um bloqueio do falar, é uma forma de inibição. Pessoas muito caladas geralmente são inibidas... ou sábias.

O embaralhamento para compreender os discursos socioculturais leva, na prática, ao que se chama "burrice emocional", sem que isso signifique prejuízos primários do intelecto. A inteligência pode ser resgatada em sua integridade por meio de psicoterapias.

ISOLAMENTO VERBAL

É a tentativa obsessiva de distanciar-se das experiências afetivas ameaçadoras. O paciente isola-se em seu "pequeno mundo", geralmente em torno de ideias filosóficas complicadas, para proteger-se dos impulsos instintivos.

Na trilha de Freud, Karl Abraham (1921) refere-se aos pacientes de caráter obsessivo, que se negam a participar da "obrigação de falar", esperando que o terapeuta se encarregue de todo o trabalho. Esses pacientes seriam portadores da "prisão de ventre mental".

O SECRETAMENTE FAMILIAR

O silêncio poderia ser um simples elemento do quadro emotivo mais complexo, a que Freud chamou *o sinistro* (*Das Unheimlich*) (1919), que diria respeito ao que é estranho, perigoso, impondo medo. Nos estudos de Freud sobre o tema, refere-se àquilo que é "secretamente familiar", o que está registrado na mente como uma cena doméstica, porém de forma alienada, reprimida, provocando reações emocionais responsáveis por abstenções mentais e físicas.

REAÇÃO TERAPÊUTICA NEGATIVA

O silêncio pode ser a ponta do *iceberg* da chamada "reação terapêutica negativa" (o não querer se curar), abordada por Freud no texto "O ego e o id" (1923/1969, v. XIX). A RTN traduziria a dificuldade do paciente em separar-se do objeto primário e primeiro de seu afeto – a mãe. Pontalis chama esses pacientes de "negativos", pela impossibilidade da renúncia ao objeto primitivo – renúncia que os integraria no processo civilizatório, adulto. Na expectativa de melhora, correspondente ao crescimento, o paciente seria levado ao desejo de ruptura com o vínculo terapêutico, sabotando-o, muitas vezes, com a contenção empedernida. As interpretações convencionais da psicanálise ortodoxa não teriam capacidade de remover esse tipo de resistência, também chamada "resistência dura".

INTERVENÇÕES E MANEJOS TÉCNICOS

Em princípio e por doutrina, diante da quietude do paciente, o profissional "psi" deve estar preparado técnica e emocionalmente para suportá-la. Para Winnicott, o referencial do *setting* analítico, incluindo a figura do terapeuta, teria função de *sustentação*, o que significa ser capaz de adaptar-se aos momentos regressivos do paciente para ajudá-lo na retomada do crescimento.

Devo dizer que o terapeuta tem de estar bem-disposto para receber as poucas palavras da pessoa reticente, permitindo-se reordenar o que lhe é dito com o fito de clarear e expandir as ideias do cliente. Para isso, é necessário ter referências e critérios a serem buscados na vasta literatura "psi" existente e no próprio tratamento.

Hoje, pelo menos três vertentes marcam a forma de tratar o silêncio: a que propala a paciência, a condescendência, a espera; a que utiliza ferramentas contundentes de interferência no processo estagnado; e a que dá por encerrado o tratamento se não houver colaboração do interessado.

Freud, ao escrever para Fliess (1897) sobre a questão da resistência, assinalou: "É necessário (no caso) desenterrar o caráter infantil do paciente." Em um primeiro momento, ele propunha intervenções incisivas, para mais tarde recomendar apenas a paciência.

Dada a extensão de um debate possível, vou me prender a algumas poucas sugestões de intervenção, contando com a inteligência e a vivência clínica do leitor – supostamente, um profissional da área – para fazer adaptações e mobilizar seu espírito crítico. Todos os psicoterapeutas já passaram pela própria análise e sabem como é difícil abrir o coração.

Para Balint (1988), criador da expressão "o remédio mais importante é o próprio médico", as tensões causadoras do impasse vocabular são desfeitas com a receita repetida dessa medicação a que se chama "a pessoa do médico".

Para Baggio (2000), "a clínica é o espaço epistemológico da criação, da inventiva. Como não existe prescrição para a invenção, o clínico obtém a liberdade de criar (*poiésis*) junto com o cliente".

As psicoterapias, dialogadas, interpretadas ou dramatizadas, são sempre uma forma de pedagogia. No entanto, de um viés inverso: enquanto no ensino pedagógico o aluno é nutrido de informações, nas psicoterapias o paciente é esvaziado socraticamente, podendo desvelar no contexto do processo suas necessidades, suas demandas, seus desejos, suas responsabilidades e a reorganização mental, relacional e social. Daí por que, no diálogo terapêutico, o terapeuta é um ouvinte por excelência, falando pouco, essencial e pontualmente.

A maior intimidade do psicodrama com a psicanálise encontra-se na proposição freudiana da *construção* ou *reconstrução* (1937), em que se ajuda o paciente a reconstruir sua história, clareando os pontos cegos de seu romance familiar – o que no psicodrama se faz com o uso das cenas dramáticas, amparado pela contribuição dos participantes do grupo. No diálogo terapêutico, isso também poderá ser buscado quando se estimula o paciente a essa viagem de autorreconhecimento de sua vida mental, relacional e comportamental.

O proceder "compreensivo" das psicoterapias que têm por método o fenomenológico-existencial lança mão de biografias (que o paciente pode trazer escritas para serem lidas na sessão), de álbuns de fotografias, lembranças guardadas da infância (livros, músicas, presentes, brinquedos etc.), lembranças da adolescência (filmes, músicas, condecorações esportivas, fotografias). O paciente poderá ser estimulado a escrever, em casa, narrativas mitogeracionais para serem lidas e comentadas com o terapeuta: datas familiais, registro dos nomes familiares, bem como os casos da história ancestral.

Diante de um silêncio constrangedor, alguns profissionais atrevidos propõem o uso da "intervenção disruptiva" com a frase: "Vamos encerrar a sessão. Quando decidir falar, você volta a me procurar" (perde-se o paciente, mas não se perde a verve). Porém, diante do silêncio "definitivo", o terapeuta abre mão de sua vaidade e onipotência e, de modo leal e franco, orienta o paciente a buscar outros métodos de trabalho, outro profissional, estimulando-o a refletir melhor sobre suas reais necessidades.

Uma maneira surpreendente de encarar a situação criada pelo paciente é dirigir-lhe uma mensagem ambígua, ao modo de Lacan: "Eu o estou escutando." É clássica a pergunta de Freud a Dora: "Qual a sua parte nisso tudo?" Assim, o terapeuta de hoje tentará levar o paciente a raciocinar e responder qual "a parte que lhe cabe nisso", nesse mutismo.

No decorrer do processo terapêutico, o paciente tem o direito de usar seu momento como bem lhe aprouver, até mesmo ficando quieto. É uma questão do direito à liberdade de expressar-se ou não.

Contardo Calligaris, em seu livro *Cartas a um jovem terapeuta* (2004), registra: "Haverá os que devem ficar silenciosos durante semanas para se convencerem de que não é proibido se calar."

A meta de qualquer terapia exige, em primeiro lugar, que o paciente possa atingir razoável nível de compreensão interna. Quem pensa bem consegue falar e escrever bem. Cabe ao terapeuta "ensinar" o paciente a pensar.

Quando o terapeuta decide fazer uma intervenção para pontuar o que está acontecendo, evitará ser intempestivo. É de boa norma chamar o paciente pelo nome, como se faz quando se acorda alguém, propondo-lhe um enfrentamento da situação apresentada como metáfora da vida, pois a primeira exigência da vida adulta é comunicar-se. No entanto, não se pode subestimar o acontecido, pois estar taciturno pode ter uma densidade apenas escamoteada. Pode-se pontuar com simplicidade: não queira forçar as lembranças, deixe-as surgirem naturalmente.

São tantas as perguntas que o terapeuta pode fazer a seu cliente que, retiradas do seu contexto, até parecerão sem sentido. Mas vamos nos arriscar, tomando-as da literatura: Você está órfão... de ideias? De sentimentos, de projetos? Tem medo de inundar esta sala com seu discurso? Acha que eu não saberei ouvir o que tem a dizer? Acha que sua palavra pode me ferir, me machucar, me matar? O que posso fazer por você? Para que você está aqui? O que lhe dificulta a fala? Há algum assunto a ser evitado? Está difícil se expor, não? Você está selecionando o que tem a dizer?

A pergunta "o que está pensando?" deve ser substituída, sempre que possível, pela questão: "o que está sentindo?" – um modo de preservar a liberdade do pensamento e ampliar o espaço mental. O sentimento ruminado seria o elo perdido entre duas pontas do imaginário pessoal.

O silêncio pode ser entendido, ainda, como um movimento lúdico, em que o paciente, tendo o terapeuta como interlocutor, vai modulando suas emoções, elaborando-as, contendo-as, selecionando-as antes de explicitá-las. Cabe ao terapeuta observar a comunicação não verbal: movimentos corporais, gestos significativos, mímica expressiva, enfim, a linguagem corporal tão importante no processo psicodramático.

Ao fazer observações empáticas que possam "costurar" o comportamento do paciente em várias sessões, sequenciais ou não, o terapeuta passa a mensagem de que está atento, animado para o trabalho. À semelhança da expressão "o brasileiro não desiste nunca", o terapeuta não deve desistir nunca. É sua função valorizar e ressaltar o lado maduro, adulto, desenvolvido do paciente, para ter colaboração ágil e útil nos momentos regressivos, com a intenção de ultrapassá-los. Criar clima de interesse e participação. Lembrar ao paciente que ele não necessita de nenhum "discurso" para candidatar-se ao prêmio Nobel. Estimulá-lo a balbuciar letras e palavras sem o compromisso de produzir algo excepcional. De alguma forma, passar para o paciente a ideia de que a angústia e o medo são passíveis de superação, desde que ele seja capaz de dividi-los com outras pessoas, e que o terapeuta está ali para merecer sua confiança. A ética não é a da teoria, a do convencimento, a da retórica, e sim a da prática exercida e demonstrada no dia a dia, com o respeitoso acolhimento.

O JEITO PSICODRAMÁTICO DE SER TERAPEUTA

Mesmo quando comprometidos com o diálogo terapêutico, não deixamos de ser psicodramatistas. O que nos mantém fiéis a J. L. Moreno é o mantra "espontaneidade e criatividade", que depois surgiria também na obra de Winnicott.

Mantra é a fórmula de pensamento que se pretende mágica e, quando não, sempre sagrada. Espontaneidade é o que de originalidade, simplicidade e desembaraço possa existir no comportamento humano; é o que alguém faz sem ser constrangido por outrem, sem afetação ou artifício, sem ensaio prévio. Ser espontâneo é ser sincero e verdadeiro. Criatividade é a qualidade ou a característica de quem ou do que é criativo, criador, capaz de usar a inteligência e o talento para inventar e inovar, para fazer transformações pessoais e sociais.

Criatividade e espontaneidade são conceitos e acontecimentos vitais e inseparáveis, presentes em todas as áreas da preocupação do homem: esportiva, artística, política, científica. Moreno e Winnicott propunham que fossem utilizadas nas ciências psíquicas e psicossociais.

De acordo com essa perspectiva, podemos afirmar que o terapeuta psicodramatista se acha credenciado, por sua adequada formação, a viver uma inventividade excelente, o bom humor, a sensibilidade plena e a intervenção oportuna.

No caso específico do silêncio que venha a se instalar no diálogo terapêutico de modo persistente e desconfortável, torna-se necessário experimentar e ousar.

Registro algumas contribuições técnicas provadas e publicadas: o uso de brinquedos, de Arthur Kaufman; o uso de desenhos, de Luis Altenfelder; o uso da "caixa de areia", de Maria Cezira Nogueira-Martins; a técnica do "relógio mole", de Zoltán Figusch; e outras propostas a serem pesquisadas na literatura psicodramática.

Regina Fourneaut Monteiro lembra-nos a possibilidade de construir a "imagem do silêncio" utilizando objetos aleatórios presentes na sala e o próprio corpo do cliente. Ressonâncias dos tempos áureos do psicodrama. As técnicas de inversão de papéis, do duplo e do solilóquio também são instrumentalizadas confortavelmente por ela no diálogo terapêutico.

Para finalizar o capítulo, lembraria o ensejo de adaptações da técnica da palavra-estímulo de Jung, do jogo do rabisco (*squiggle play*), de Winnicott, e da técnica dos objetos intermediários (fantoches e marionetes), de Bermúdez, que cabem muito bem naquele instante agudo em que o paciente não quer se escutar. E, com um pedido de licença a Murray (1943), também podemos utilizar as lâminas do TAT (Thematic Apperception Test) como incentivo ao ato de expressar ideias, sentimentos e experiências de vida.

Falei do silêncio do paciente. O do terapeuta é capítulo importante, mas deixo-o para outro momento. A título de contraponto, lembro o preceito de Lacan: "O silêncio é o amor que o analista pode oferecer a seu cliente."

14
DEPOIMENTO SOBRE PSICODRAMA PÚBLICO NO CENTRO CULTURAL SÃO PAULO[27]

A liberdade do indivíduo e a coesão
do grupo social terão sempre de
encontrar caminhos conciliadores.[28]

Inicialmente, agradeço à colega Regina (Reo) Fourneaut Monteiro a participação nos trabalhos como ego-auxiliar *ad hoc*. Especiais agradecimentos a Flávia Mostazo Varga, por gentilmente anotar as atividades.

Durante alguns anos, na lendária Rua Sorocaba, número 91, tendo Reo como coterapeuta, dirigi vários grupos em consultório, utilizando o método e as técnicas morenianas do psicodrama. Por duas ou três vezes, dirigi a abertura e o encerramento de congressos; também por duas ou três vezes, dirigi sessões abertas no Daimon, e fui convidado a comparecer a eventos em várias instituições psicodramáticas, como o "Sarau" de Júlia Motta em Campinas.

Sem perder minha ligação afetiva com o movimento psicodramático, pois foi por meio dele que me lancei na vida intelectual e profissional de São Paulo, fiquei muitos anos afastado das atividades grupais de cunho terapêutico. No entanto, não deixei de dar aulas, fazer palestras, participar de congressos e, durante dez anos, codirigi

27 Artigo publicado com pequenas modificações e com comentários de José Roberto Wolff em Marra e Fleury, *Sociodrama: um método, diferentes procedimentos*, São Paulo, Ágora, 2010.

28 W. C. de Almeida, *Psicoterapia aberta: o método do psicodrama, a fenomenologia e a psicanálise*, São Paulo, Ágora, 2006, p. 67.

com José Fonseca o Grupo de Estudos sobre J. L. Moreno (GEM), bem como, por dez anos, fui editor da *Revista Brasileira de Psicodrama*.

Todavia, um desejo buliçoso instalara-se no meu coração: dirigir um psicodrama público. Talvez quisesse deixar de ser considerado "um teórico". Foi quando recebi o convite para participar do já tradicional psicodrama público do Centro Cultural São Paulo (CCSP). Com a carga sentimental referida, aceitei e lá fui eu. Tempos depois, ao atender ao chamado do livro para o qual este texto foi escrito originalmente, concluí que a direção feita por mim, no sábado, 21 de novembro de 2009, no CCSP, merecia ser divulgada como um testemunho amoroso.

Com a convicção de que o psicodrama, em qualquer de seus campos, é proposta a ser realizada em contextos grupais, sendo suas derivações apenas adaptações do método original, hoje tenho comigo mais uma convicção: só é psicodrama verdadeiro aquele realizado em público, aberto para ruas, praças, escolas, anfiteatros. Por isso, vejo no psicodrama público do CCSP, liderado pelo afetuoso e carismático Antônio Carlos Cesarino, um caminho promissor para o psicodrama brasileiro.

Antes de adentrar o espaço do auditório Adoniran Barbosa, procurei deixar em casa minha bagagem teórica. Não abandonei, porém, três conceitos morenianos que poderiam me dar um norte:

- *Princípio da interação terapêutica*, segundo o qual um paciente é agente terapêutico do outro.
- *Princípio da espontaneidade*, por meio do qual se permite e se estimula a participação livre e criativa de todos os membros do grupo.
- *Princípio da identificação*, segundo o qual cada membro do grupo permite que ocorra a identificação com o outro, deixando a transferência psicanalítica somente para a figura do diretor.

Quando cheguei, várias pessoas já estavam presentes, inclusive estudantes universitários, psicodramatistas em formação e uma turma do histórico Grupo de Estudos e Trabalhos Psicodramáticos

(Getep), de Maria Alice Vassimon, que me enviava saudações e votos de sucesso. (Valeu a torcida, Maria Alice!)

Na hora aprazada, com entre 50 e 60 pessoas inscritas, depois da apresentação sobre minha pessoa, feita por Reo, iniciei um diálogo maneiro com o público. Lembrei-lhes que Moreno, o criador do psicodrama, pedia para que fossem observados três contextos de intervenção: o social, o grupal e o psicodramático. Como o anfiteatro tem projetado em seu entorno um mezanino, propus que as pessoas que estivessem "lá em cima" fossem consideradas representantes do contexto social; nós, reunidos "cá embaixo", seríamos pertencentes ao contexto grupal; e, sobre o palco, em movimento adequado, seria formado o contexto psicodramático.

Comecei por aquecer (*warming up*) o grupo com os tradicionais *iniciadores*. O primeiro objetivo era que cada participante pudesse relacionar-se com o outro de modo espontâneo, olhando, observando, ativando os sentimentos e a sensibilidade do conjunto.

Contei a tese de Jean-Paul Sartre, de forma leve, para que todos percebessem que as pessoas ali presentes ainda não compunham um grupo, eram tão só a série.

Identifiquei as pessoas pela frequência de comparecimento ao CCSP (um jogo sociométrico): as que frequentavam o evento semanalmente, sendo chamadas de "assíduas"; as que vinham pela primeira vez, porém com intenção de tornar-se frequentadoras; e aquelas apenas curiosas, chamadas de "passantes."

Sugeri que se interrogassem e utilizassem a força da curiosidade para esclarecer dúvidas e sentimentos.

Uma mulher perguntou: "O que é exatamente esse negócio de psicodrama? Dizem ser muito legal." Algumas respostas pipocaram: "É só você frequentar para ver"; "O psicodrama ajudou a me soltar"; "No começo, eu não entendia nada, depois percebi que foi útil para mim"; "Para mim, é um *hobby* de fim de semana"; "No começo, é muito chato, mas depois fica bom."

Trata-se de uma pequena amostra de como os já participantes estavam assumindo seu compromisso com o grupo. É interessante registrar, nestas linhas, que alguns dos frequentadores assíduos permaneceram juntos depois de encerrada a atividade, almoçando ou bebendo uma cervejinha e indo embora no meio da tarde (processo evidente de inclusão e socialização).

No decorrer desse tempo de preaquecimento, um paciente de perfil psicótico andava em meio ao grupo repetindo: "Monteiro Lobato, Monteiro Lobato". A propósito, não se pode deixar de observar o respeito e a consideração que todo o grupo tem para com os colegas, em especial para com os mais psiquicamente lesados.

Outro participante, de mesmo perfil, demonstrando ansiedade, diz ao diretor: "Vamos começar logo! Psicodrama é ação!" Dirigi-me a ele, perguntei seu nome e respondi mais ou menos assim: "Fulano, cada diretor tem um jeito de trabalhar; o meu jeito é assim, tenha um pouco de paciência". Ele entendeu e atendeu ao apelo.

Depois do período de apresentações, diálogos e movimentação na plateia, fiz uma intervenção: "Moreno nos diz que, numa sessão de psicodrama público, o ideal é levar para o palco o maior número possível de interessados. Vocês, agora, no contexto grupal, já se consideram preparados para caminhar para o palco, para o contexto psicodramático? Ou ainda há necessidade de se conhecerem melhor, ou, talvez, de mais aquecimento?" Um assíduo pede a palavra: "Se o senhor nos convidar, ninguém vai; aqui, o que funciona melhor é todo mundo ir para o palco. Depois, quem quiser desce". Então, eu, diretor, digo: "O diretor põe e o grupo dispõe. Vocês concordam com o colega?" Todos aplaudem e sobem ao tablado, sem protesto.

Já devidamente programado para aquele instante, eu preparara um aquecimento muito útil. Os participantes dariam as mãos e formariam uma grande roda, como numa ciranda. Essa consigna atinge vários níveis das relações humanas: o fisiológico, com o contato pele e pele; o relacional, tendo a sensação tátil como fonte de emoções e de inspirações em relação ao outro; o mental, local da ideação, das imagens, lembranças e fantasias variadas.

Naquele momento, comecei a tocar o CD *Eu sou Lia*, que contém uma música de Capiba (Lourenço da Fonseca Barbosa), cantada por uma mulher negra de nome Lia de Itamaracá (Maria Madalena Correia do Nascimento), com voz forte e doce ao mesmo tempo. Em "Minha ciranda", diz Capiba:

Minha ciranda não é minha só
Ela é de todos nós
A melodia principal quem
Guia é a primeira voz
Pra se dançar ciranda
Juntamos mão com mão
Formando uma roda
Cantando uma canção

Hermínio Belo de Carvalho, na apresentação do CD, diz que se trata de uma "estranha música" do povo pernambucano, que está na "boca de toda a gente", "na alegria das pessoas de mãos dadas".

A grande roda sobre o tablado rodopiou lindamente, todos dançavam, cantavam, brincavam, faziam e desfaziam a roda, trocavam de mãos, trocavam de pares, parecendo mobilizar toda a felicidade possível.

A dança interativa é a manifestação ritualística mais espontânea, podendo originar o gesto criador mais expressivo. Puro psicodrama.

A opção pelo uso dessa música típica – provocando sentimentos de ternura, alegria, nostalgia e até tristeza, porque sua marcação de ritmo atinge lugares escondidos da alma – deveu-se ao fato de que estou entre os que propõem o retorno ao psicodrama alegre.

Finalizando essa parte corporal, deixei-os à vontade para retornarem à plateia. A maioria permaneceu no palco.

O movimento seguinte foi construir subgrupos, para dar continuidade, fluidez e agilidade ao trabalho. Assim formados, permitiriam o psicodrama dentro do psicodrama, semelhante ao teatro dentro do teatro, de Shakespeare. Foram formados três subgrupos, estimulados pela sociometria que a ciranda possibilitava.

Então, dei um tempo suficiente para que a inter-relação das pessoas se desse, naquele instante, de modo mais intimista, como se não fossem membros de um grupo grande. Essa subdivisão do grupo maior em pequenos grupos pressupõe melhor acolhimento, mais amparo e, supostamente, melhor compreensão e entendimento entre os pares.

Alguém achou o tempo dado muito longo. Eu, porém, na função de diretor, o considerei adequado para a motivação desejada; estava atento às conversas ali desenvolvidas, passava por eles, ouvindo-os diretamente, dirimindo dúvidas. Sentia-me plenamente na direção.

Os subgrupos formados se distribuíram e sentaram no chão, como acontece tradicionalmente, passando a dialogar com a proposta de criar cenas temáticas sobre os seguintes assuntos:

- Quem tem medo do psicodrama?
- Um sonho parado no ar.
- Construir pontes ou muros.
- A fotografia de minha família.
- O que fazer com o preconceito.
- Tema livre, com escolha própria e original.

Durante esse período, brotaram depoimentos de vida, confidências, histórias pessoais, tendo a emoção como matéria-prima. Esse tempo aconchegante de narração é, em si, muito terapêutico.

Reo teve a interessante ideia de convidar as pessoas presentes no mezanino (contexto social) a participar da montagem de uma cena própria. A tentativa valeu pelo caráter experimental, mas não foi coonestada, muito provavelmente por falta de aquecimento específico dirigido ao setor. Ficou, no entanto, plantada a possibilidade, a ser testada em outra oportunidade.

O grupo 1 escolheu o tema "Construir pontes ou muros"; o grupo 2, "Um sonho parado no ar"; e o grupo 3 preferiu criar seu próprio tema: "Choque de torcidas de futebol".

Distribuí os temas aqui arrolados como forma de aquecimento intelectivo e/ou temático, porém dei liberdade aos grupos para que criassem coisas originais. Registre-se que naquele fim de semana não vivemos nenhum acontecimento social traumático, o que exigiria outro tipo de atenção.

Passemos às representações.

O grupo 1 entrou em cena formando duas alas, com seus membros posicionando-se frente a frente, com os braços entrecruzados par a par. Cada um deles bradava palavras de intenções antagônicas: intolerância/tolerância, egoísmo/acolhimento, indiferença/confiança, agressividade/amizade, dureza/flexibilidade, preconceito/respeito, autoritarismo/democracia, ódio/disponibilidade, vazio/amor, silêncio/aprendizado. Um último participante veio correndo e se lançou, confiantemente, sobre os braços entrelaçados, gritando: "Liberdade!"

A cena, de bela forma estética, foi muito aplaudida.

O grupo 2 apresentou um homem desejoso de ser livre, seu grande sonho. Alguns companheiros interceptavam-no com frases de escárnio e derrotismo: "Você não vai conseguir"; "Você tem traumas de infância"; "Você é um coitado". Outros o incentivavam a buscar e a realizar seu desejo. Houve um tumulto, um corpo a corpo, com cada detentor de certa opinião puxando-o para si. Na luta, o homem conseguiu desvencilhar-se e saiu caminhando sozinho, altaneiro e vitorioso. Houve aplausos.

O grupo 3 apresentou duas torcidas de futebol – do Corinthians e do Palmeiras –, que trocavam insultos e agressões físicas, no plano simbólico. A cena foi perdendo a força, ficou sem conclusão e se esvaiu sem repercussão, ainda que no início tenha sido recebida com simpatia.

Para amarrar de maneira integradora o ocorrido até então, pedi a cada subgrupo que indicasse dois representantes para a formação de um quarto grupo, com a finalidade de sintetizar as representações levadas ao palco. Após algum diálogo, o novo grupo resultante decidiu por se mover agilmente pelo tablado, cantando a música "O que é, o que é?" ("Viver e não ter a vergonha de ser feliz"), de Gonzaguinha.

Na análise do que tenha se explicitado nessas representações, ressalta-se o sentimento de liberdade, correspondendo, na prática, ao que está na preocupação universal dos filósofos: a liberdade como modalidade fundamental do ser, em sua subjetividade, compondo a "natureza interna" do homem.

Podemos refletir com Sartre: "O homem está condenado a ser livre. Condenado porque não se criou a si próprio; livre porque uma vez lançado no mundo é responsável por tudo quanto fizer."

Exercer a catarse da liberdade é sinônimo de saúde mental.

Foi por aí que esse grupo caminhou de modo tão expressivo.

Antes de continuar o relato do que aconteceu posteriormente, nas etapas do compartilhar e do processamento, quero registrar como me inspirei e me comportei nessa minha primeira experiência de diretor de psicodrama público.

Devo deixar claro que conduzi o trabalho para apreender sua expressão sociodramática. Essa foi uma conduta decidida eticamente, pois não aprovo a retirada inopinada de um elemento do grupo para ser "protagonista", pseudoprotagonista, sujeito à morbidez do grupo que prepara a armadilha e o holocausto para seu membro menos estruturado e mais fragilizado.

Então, percebe-se que trabalhei o grupo como um todo (sociodrama) e não privilegiei um só protagonista (psicodrama). Como nos ensina Luís Falivene, o protagonista vero é o que resgata o drama dos componentes do grupo pelo coinconsciente, num processo terapêutico por ele chamado de "projeto dramático comum", e que, no meu entender, exige médio e longo prazo de convivência grupal.

Ainda devo dizer que optei pela direção centrada na espontaneidade, como aprendi com Anna Maria Knobel, porém estando atento à sociometria e ao protagonismo.

Chegamos à etapa do compartilhar. Instruí a todos que expressassem numa frase o sentimento que os tivesse pegado pelo coração. Algumas frases foram anotadas, como: "É importante ter as rédeas de nossa vida em nossas mãos"; "Devemos ampliar o Dia da Consciência Negra (ocorrido na véspera) para Dia da Diversidade"; "Vamos criar pontes e derrubar os muros"; "Refleti sobre o lado bom e o lado ruim da Copa de 2010"; "A intolerância constrói muros"; "Estou aprendendo a ser mais leniente"; "Gostei muito do que vi e senti nessa minha estreia"; "Trabalhei minha capacidade de aceitar o outro"; "É fácil construir muros, o difícil é fazer pontes entre os humanos"; "Sou novato aqui, tive medo, foi tudo muito novo, o muro é alto, gostei muito de participar".

Duas frases merecem destaque aqui, para uma reflexão posterior:

"O meu tema seria 'Quem tem medo do psicodrama?', mas fui voto vencido. Explico o porquê: fiquei com muito medo do psicodrama, porque não sei viver em grupo." Espero que esse paciente volte ao CCSP e continue a realizar seu sociodrama semanal.

E a outra frase: "Fiquei contrariado com tudo que ocorreu aqui, tive a sensação de que havia um patrão nos dirigindo." Numa sessão psicodramática processual, essa expressão edípica poderia ser esmiuçada de alguma forma, mas talvez em outra oportunidade e em outros lugares.

Encerrei a sessão convidando-os a uma confraternização no tablado, ao som do baião de Luiz Gonzaga, o que ocorreu com ampla adesão.

Por fim, propus um processamento, dado o número de estudantes e profissionais presentes, porém aberto à participação de quem o desejasse. Sem dúvida, uma iniciativa heterodoxa.

Sentei-me próximo da plateia e coordenei uma interessante experiência, a qual poderíamos chamar de "sessão tira-dúvidas".

Um participante assíduo perguntou sobre os limites éticos do método psicodramático, já que trazer suas questões íntimas a um espaço público era algo que o preocupava. Tive a oportunidade de explicar a ele a diferença entre psicodrama e sociodrama. Reo fez uma intervenção oportuna, para garantir que os profissionais ali envolvidos tivessem uma formação ética e condições técnicas para conduzir a terapia coletiva sem ofender valores individuais, bem como para assegurar que a equipe tivesse condições de manter a atenção e prestar socorro em crises emergenciais.

Outro participante, profissional da área, perguntou por que eu, o diretor, havia atendido à solicitação de um paciente, mudando o roteiro supostamente programado no preaquecimento. Respondi mais ou menos assim: "Não me senti desautorizado nem manipulado. É necessário ter cuidado e bom-senso na direção de um grupo. Não houve ruptura radical na condução do trabalho". E lembrei-o de que o grupo aceitou a ideia, aderindo e subindo ao palco.

Uma das perguntas levantou uma questão técnica: o processamento deve ser exclusivamente metodológico ou permite dúvidas subjetivas? Diante da complexidade da interrogação aparentemente simples, optei por afirmar que, dependendo da avaliação realizada, eu utilizaria as duas técnicas, como, aliás, estava fazendo naquele momento.

Outra questão, de teor delicado, foi levantada. Um rapaz relatou o caso de um garoto que fora estuprado na infância – garoto de programa, envolvido com drogas e que tentara se suicidar, mas que "mudou de vida", arrumou um emprego e sofreu um acidente que o deixou com sequelas físicas e emocionais – e indagou se seria possível superar os traumas e se o psicodrama poderia ajudar.

Esclareci a ele que a pessoa deveria, primeiro, realizar entrevistas individuais com um psiquiatra ou psicólogo, de qualquer linha terapêutica, para definir o tipo de tratamento a ser feito. Depois, participando de grupos de psicodrama público, essa pessoa não identificada estaria apta a decidir como e quando esses acontecimentos deveriam ser divididos com o grupo.

Introduzi o conceito de "resiliência" – capacidade pessoal de cada um de reparar os traumas da vida, com a retomada de algum tipo de evolução afetivo-emocional.

O tema promoveu alguma discussão, sem prejuízo do seu entendimento. Entendi que, mesmo posta em plano conceitual, a resposta foi cuidadosa, calando bem para a plateia e para o indagador.

Na verdade, essa intervenção se deu em momentos diferentes. Deveria ter ocorrido na etapa do compartilhar. Não a desqualifiquei, porém, na etapa do processamento, porque acredito que essa chance de fazer uma narrativa de tal teor, mesmo com um colorido de "atuação", tem valor terapêutico, catártico, o que permite à pessoa assumir um lugar no mundo social, humanizando-se.

Então, o trabalho foi encerrado.

Fiquei muito satisfeito com minha participação. Pretendo voltar mais vezes ao CCSP na condição de diretor, pois já participei de vários eventos com meu lugar na plateia. Tenho certeza de que ali está se formando um laboratório de excelência em pesquisa psicossocial.

REFERÊNCIAS BIBLIOGRÁFICAS

ABDO, Carmita. *Descobrimento sexual do Brasil*. São Paulo: Summus, 2004.

A CLÍNICA lacaniana: as homossexualidades. Revista Internacional. Rio de Janeiro: Companhia de Freud, n. 4, 2005.

ALLOUCH, J. *O sexo do mestre – O erotismo segundo Lacan*. Rio de Janeiro: Companhia de Freud, 2010.

ALMEIDA, Wilson Castello de. *Moreno – Encontro existencial com as psicoterapias*. São Paulo: Ágora, 1990.

______. "A ética psicodramática". In: *Moreno: encontro existencial com as psicoterapias*. São Paulo: Ágora, 1990.

______. *Defesas do ego: leitura didática de seus mecanismos*. São Paulo: Ágora, 1996.

______. "Técnicas dos iniciadores". In: MONTEIRO, R. F. (org.). *Técnicas fundamentais do psicodrama*. São Paulo: Ágora, 1998.

______. "Três éticas no pensamento e na ação de J. L. Moreno". In: Vários autores. *A ética nos grupos: contribuição do psicodrama*. São Paulo: Ágora, 2002.

______. "Ressonâncias sociais da sexualidade humana: o lugar e o papel do psicodramatista". *Revista Brasileira de Psicodrama*, v. 12, n. 2, 2004.

______. *Psicoterapia aberta – O método do psicodrama, a fenomenologia e a psicanálise*. São Paulo: Ágora, 2006.

______. *A clínica da psicose depois de Lacan*. São Paulo: Edição do autor, 2012.

ANDOLFI, M. *A linguagem do encontro terapêutico*. Porto Alegre: Artes Médicas, 1996.

ANZIEU, D. *Psicodrama analítico*. Rio de Janeiro: Campus,1981.

ARISTÓTELES. *Poética*. Trad. Baby Abrão. São Paulo: Nova Cultural, 2000. Coleção Os Pensadores.

BACHELARD, G. *A psicanálise do fogo*. São Paulo: Martins Fontes, 1994.

Badiou, Alain. *Ética: um ensaio sobre a consciência do mal.* Rio de Janeiro: Relume--Dumará, 1995.

Baggio, M. A. *Psicoterapia: técnica, arte e clínica.* Belo Horizonte: Armazém das Ideias, 2000.

Balint, M. *O médico, seu paciente e a doença.* Rio de Janeiro: Atheneu, 1988.

Barthes, R. *Fragmentos de um discurso amoroso.* Rio de Janeiro: Francisco Alves, 2000.

Beckett, S. *Esperando Godot.* São Paulo: Cosac Naify, 2006.

Berge, A. *As psicoterapias.* Rio de Janeiro: Agir, 1971.

Bergson, H. *A evolução criadora.* Rio de Janeiro: Zahar, 1979.

Blumenfeld, Yaacov. *Judaísmo: visão do universo.* Rio de Janeiro: Imago, 1989.

Borges, K. *Terapia afirmativa.* São Paulo: Edições GLS, 2009.

Brandão, E. P. *Nem Édipo, nem barbárie – Genealogia dos laços entre aliança e a sexualidade.* Curitiba: Juruá, 2010.

Brenot, P. *Elogio da masturbação.* Rio de Janeiro: Rosa dos Tempos, 1998.

Britton, R. *Crença e imaginação.* Rio de Janeiro: Imago, 2003.

Bucher, R. *A psicoterapia pela fala.* São Paulo: EPU, 1989.

Calligaris, C. *Cartas a um jovem terapeuta.* São Paulo: Alegro, 2004.

Camargo, M. *Ética, vida e saúde.* Petrópolis: Vozes, 1975.

Chauí, Marilena. *Convite à filosofia.* São Paulo: Ática, 1995.

Chiland, C. *O sexo conduz o mundo.* Rio de Janeiro: Companhia de Freud, 2005.

Corbisier, R. *Enciclopédia filosófica.* Petrópolis: Vozes, 1974.

Costa, M. O. *Tintas e fragmentos – Retalhos de memórias.* XIV Congresso Brasileiro de Psicodrama, 2004.

Costa, Ronaldo Pamplona da. *Os onze sexos.* São Paulo: Editora Gente, 1994.

Cukier, Rosa. *Palavras de Jacob Levy Moreno.* São Paulo: Ágora, 2002.

Cyrulnik, B. *O murmúrio dos fantasmas.* São Paulo: Martins Fontes, 2005.

Delumeau, J. *A Confissão e o perdão.* São Paulo: Companhia das Letras, 1991.

Dias, Victor R. C. S. *Análise psicodramática – Teoria da programação cenestécisa.* São Paulo: Ágora, 1994.

Díaz-Benítez, M. E.; Fígari, C. E. (orgs.). *Prazeres dissidentes.* Rio de Janeiro: Garamond, 2009.

Dover, K. J. *A homossexualidade na Grécia Antiga.* São Paulo: Nova Alexandria, 2007.

Drosdek, A. *Sócrates: o poder do não saber.* Petrópolis: Vozes, 2008.

DURANT, W. *A filosofia de Emmanuel Kant.* Trad. Maria Theresa Miranda. Rio de Janeiro: Tecnoprint, [19--].

ECO, U. *O nome da rosa.* Rio de Janeiro: Nova Fronteira, 1983.

EDELWEISS, M. L. *Com Freud e a psicanálise de volta à hipnose.* São Paulo: Lemos, 1994.

FASSA, B; ECHENIQUE, M. *Poder e amor: a micropolítica das relações.* São Paulo: Aleph, 1992.

FERENCZI, S. *Diário clínico.* (1969). São Paulo: Martins Fontes, 1990.

FERRARI, Dalka C. A.; VECINA, Tereza C. C. *O fim do silêncio na violência familiar.* São Paulo: Ágora, 2002.

FERRAZ, F. C. *Perversão.* São Paulo: Casa do Psicólogo, 2000.

FLEURY, H. J.; MARRA, M. M. (orgs.). *Práticas grupais contemporâneas.* São Paulo: Ágora, 2006.

FONSECA FILHO, J. S. *Correlações entre a teoria psicodramática de J. L. Moreno e a filosofia dialógica de Martin Buber.* Tese (Doutorado em Psiquiatria) – Faculdade de Medicina da USP, São Paulo, 1972.

______. *Psicoterapia da relação – Elementos de psicodrama contemporâneo.* São Paulo: Ágora, 2000.

FOUCAULT, M. *História da sexualidade.* Rio de Janeiro: Graal, 1977-1984. 3 v.

FRANÇA, M. R. C. "*Terapia com casais do mesmo sexo*". In: VITALE, Maria Amalia Faller (org.). *Laços amorosos.* São Paulo: Ágora, 2004, p. 149-80.

______. "Famílias homoafetivas". *Revista Brasileira de Psicodrama,* v. 17, n. 1, 2009.

FREUD, S. *Obras completas.* Madri: Biblioteca Nueva, 1968.

______. *Edição Standard Brasileira das Obras Psicológicas Completas de Sigmund Freud.* Rio de Janeiro: Imago, 1969. 23 v.

______. "A aquisição e o controle do fogo". (1932). In: *Edição Standard Brasileira das Obras Psicológicas Completas de Sigmund Freud.* v. XXII. Rio de Janeiro: Imago, 1996.

______. *Três ensaios sobre a teoria da sexualidade.* (1904). Rio de Janeiro: Imago, 2002.

______. *O mal-estar na civilização e novas conferências introdutórias.* (1930). São Paulo: Companhia das Letras, 2010.

FREUD, S.; PFISTER, O. *Cartas entre Freud e Pfister (1909/1939) – Um diálogo entre a psicanálise e a fé cristã.* Viçosa-MG: Ultimato, 1998.

GAGNEBIN, J. M. *Lembrar, escrever, esquecer.* São Paulo: Editora 34, 2006.

GARAUDY, R. *Deus é necessário?* São Paulo: Jorge Zahar Ed., 1995.

GARCIA, J. C. *Problemáticas da identidade sexual.* São Paulo: Casa do Psicólogo, 2001.

Garrido Martin. E. *J. L. Moreno: psicologia do encontro.* São Paulo: Duas Cidades, 1984.

Gay, Peter. *Freud: uma vida para o nosso tempo.* São Paulo: Companhia das Letras, 1989.

Gonçalves, Camila Salles. *Psicodrama com crianças.* São Paulo: Ágora, 1988.

Greenson, R. R. *A técnica e a prática da psicanálise.* (1967). Rio de Janeiro: Imago, 1981.

Guirado, M. *Psicanálise e análise do discurso.* São Paulo: Summus, 1995.

Hanns, Luiz. *Dicionário comentado do alemão de Freud.* Rio de Janeiro: Imago, 1996.

______. *A teoria pulsional na clínica de Freud.* Rio de Janeiro: Imago, 1999.

Hessen, Joahnnes. *Filosofia dos valores.* São Paulo: Saraiva, 1946.

Hinshelwood, R. D. *O que acontece nos grupos.* São Paulo: Via Lettera, 2003.

Houaiss, A.; Villar, M. S. *Dicionário Houaiss da língua portuguesa.* Rio de Janeiro: Objetiva, 2001.

Huxley, A. *As portas da percepção.* Rio de Janeiro: Globo, 1984.

Jones, Ernest. *A vida e obra de Sigmund Freud.* Rio de Janeiro: Imago, 1989.

Julien, Philippe. *O retorno a Freud de Jacques Lacan.* Porto Alegre: Artes Médicas, 1993.

______. *Psicose, perversão, neurose – A leitura de Jacques Lacan.* Rio de Janeiro: Companhia de Freud, 2002.

Katz, J. N. *A invenção da heterossexualidade.* Prefácio de Gore Vidal. Rio de Janeiro: Ediouro, 1996.

Kellermann, Peter Felix. *O psicodrama em foco.* São Paulo: Ágora, 1998.

Knobel, A. M. *Moreno em ato.* São Paulo: Ágora, 2004.

Kothe, Flávio. *O herói.* São Paulo: Ática, 1985.

Kuhn, T. S. *La estructura de las revoluciones cientificas.* México: Fondo de Cultura, 1971.

Lacan, J. *Escritos.* (1966). Rio de Janeiro: Jorge Zahar Ed., 1970.

______. O *Seminário.* Livro I: *Os escritos técnicos de Freud.* Rio de Janeiro: Zahar, 1986.

______. *Da psicose paranoica em suas relações com a personalidade.* (1932). Rio de Janeiro: Forense Universitária, 1987.

______. *Meu ensino.* Rio de Janeiro: Jorge Zahar, 2006.

______. *O Seminário.* Livro XXIII: *O Sinthoma.* Rio de Janeiro: Jorge Zahar Ed., 2007.

Lacroix, M. *O culto da emoção.* Rio de Janeiro: José Olympio, 2006.

Lagache, D. *A transferência.* São Paulo: Martins Fontes, 1992.

Landmann, Jayme. *Judaísmo e medicina.* Rio de Janeiro: Imago, 1993.

Laplanche, J. L. *Teoria da sedução generalizada.* Porto Alegre: Artes Médicas, 1988.

______. *A sublimação.* São Paulo: Martins Fontes, 1989.

LAPLANCHE, J. L.; PONTALIS, J. B. *Vocabulário de psicanálise.* Lisboa: Moraes, 1976.

LAURENT, E. *A sociedade do sintoma.* Rio de Janeiro: Contracapa, 2007.

LEMOINE G.; LEMOINE P. *Una teoria del psicodrama.* Buenos Aires: Granica, 1974.

LÉVI-STRAUSS. "A eficácia simbólica". In: *Antropologia estrutural.* Rio de Janeiro: Tempo Brasileiro, 1975.

LEYLAND, W. (org.). *Sexualidade e criação literária.* Rio de Janeiro: Civilização Brasileira, 1980.

LÖWY, M. *Redenção e utopia: o judaísmo libertário na Europa Central.* São Paulo: Companhia das Letras, 1989.

MAJOR, R.; TALAGRAND, C. *Freud.* Porto Alegre: L&PM, 2007. (Coleção Biografias, 5).

MARINA, José A. *O quebra-cabeça da sexualidade.* Rio de Janeiro: Guarda-Chuva, 2008.

MARINEAU, R. F. *Jacob Levy Moreno 1889-1974 – Pai do psicodrama, da sociometria e da psicoterapia de grupo.* São Paulo: Ágora, 1992.

MASSON, J. M. (org.). *A correspondência completa de Sigmund Freud para Wilhelm Fliess, 1887-1904.* Rio de Janeiro: Imago, 1986.

MAUROIS, A. *Em busca de Marcel Proust.* São Paulo: Siciliano, 1995.

MCDOUGALL, J. *Em defesa de uma certa anormalidade.* Porto Alegre: Artes Médicas, 1989.

MCDOUGALL, J. *Teatros do Eu.* Rio de Janeiro: Francisco Alves, 1992.

MERENGUÉ, D. "Sexualidade e espontaneidade criadora". *Revista Brasileira de Psicodrama*, v. 7, n. 2, 1999.

MERLET, A. "Lacan médico". In: GIROUD, F. *et. al. Lacan*, *você conhece?* São Paulo: Cultura Editores Associados, 1998.

MILAN, B. *O jogo do esconderijo.* São Paulo: Novos Umbrais, 1976.

MONTEIRO, R. F. (org.). *Técnicas fundamentais do psicodrama.* São Paulo: Ágora, 1998.

MORENO, J. L. *Preludes to my autobiography.* New York: Beacon House Inc., 1955.

______. "Psiquiatria del siglo XX: función de los universales – tiempo, espacio, realidad y cosmos". *Cuadernos de Psicoterapia*, Buenos Aires, v. 4, n. 2-3, 1966, p. 3-16.

______. *Fundamentos de la sociometria.* Buenos Aires: Paidós, 1967.

______. *The words of the father.* New York: Beacon House, 1971.

______. *Psicoterapia de grupo e psicodrama.* Trad. Antônio Carlos Cesarino. São Paulo: Mestre Jou, 1974.

______. *Psicodrama.* 3. ed. São Paulo: Cultrix, 1975.

______. *El teatro de la espontaneidad.* Buenos Aires: Vancun, 1977.

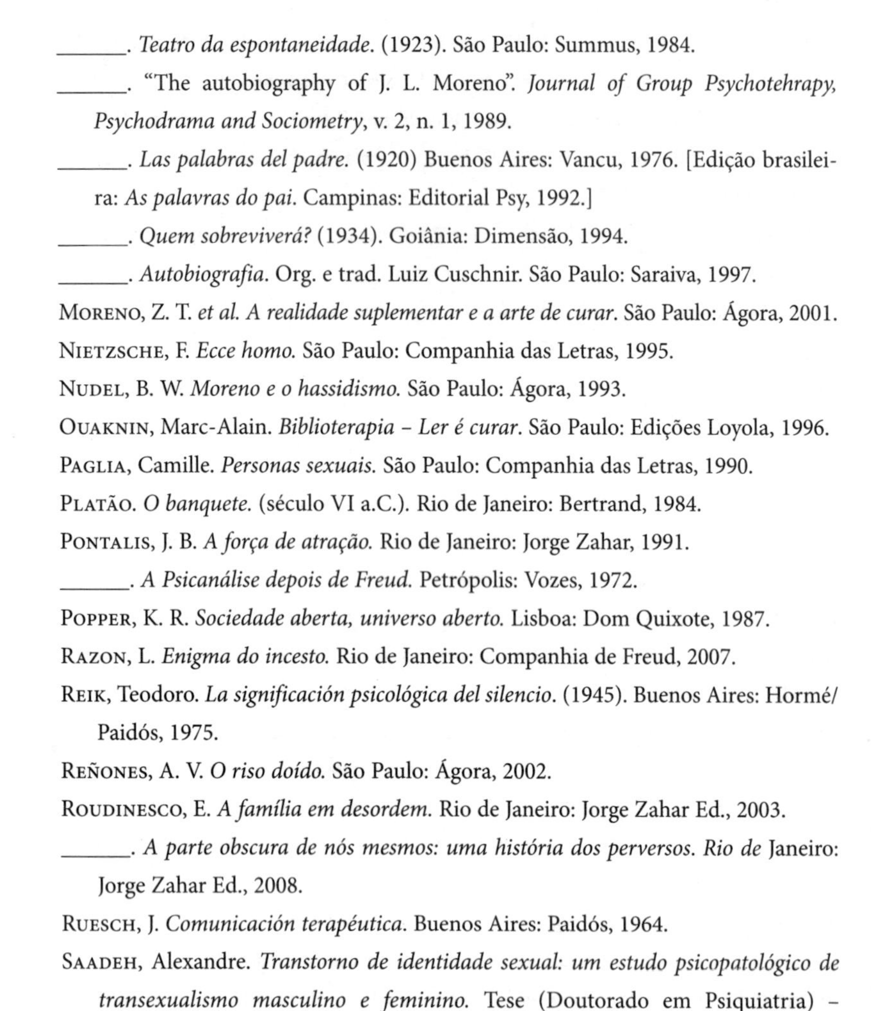

______. *Teatro da espontaneidade.* (1923). São Paulo: Summus, 1984.

______. "The autobiography of J. L. Moreno". *Journal of Group Psychotehrapy, Psychodrama and Sociometry*, v. 2, n. 1, 1989.

______. *Las palabras del padre.* (1920) Buenos Aires: Vancu, 1976. [Edição brasileira: *As palavras do pai.* Campinas: Editorial Psy, 1992.]

______. *Quem sobreviverá?* (1934). Goiânia: Dimensão, 1994.

______. *Autobiografia.* Org. e trad. Luiz Cuschnir. São Paulo: Saraiva, 1997.

Moreno, Z. T. *et al. A realidade suplementar e a arte de curar.* São Paulo: Ágora, 2001.

Nietzsche, F. *Ecce homo.* São Paulo: Companhia das Letras, 1995.

Nudel, B. W. *Moreno e o hassidismo.* São Paulo: Ágora, 1993.

Ouaknin, Marc-Alain. *Biblioterapia - Ler é curar.* São Paulo: Edições Loyola, 1996.

Paglia, Camille. *Personas sexuais.* São Paulo: Companhia das Letras, 1990.

Platão. *O banquete.* (século VI a.C.). Rio de Janeiro: Bertrand, 1984.

Pontalis, J. B. *A força de atração.* Rio de Janeiro: Jorge Zahar, 1991.

______. *A Psicanálise depois de Freud.* Petrópolis: Vozes, 1972.

Popper, K. R. *Sociedade aberta, universo aberto.* Lisboa: Dom Quixote, 1987.

Razon, L. *Enigma do incesto.* Rio de Janeiro: Companhia de Freud, 2007.

Reik, Teodoro. *La significación psicológica del silencio.* (1945). Buenos Aires: Hormé/ Paidós, 1975.

Reñones, A. V. *O riso doído.* São Paulo: Ágora, 2002.

Roudinesco, E. *A família em desordem.* Rio de Janeiro: Jorge Zahar Ed., 2003.

______. *A parte obscura de nós mesmos: uma história dos perversos. Rio de* Janeiro: Jorge Zahar Ed., 2008.

Ruesch, J. *Comunicación terapéutica.* Buenos Aires: Paidós, 1964.

Saadeh, Alexandre. *Transtorno de identidade sexual: um estudo psicopatológico de transexualismo masculino e feminino.* Tese (Doutorado em Psiquiatria) - Departamento de Psiquiatria da Faculdade de Medicina da Universidade de São Paulo, São Paulo, 2004.

Sánchez, F. L. *Homossexualidade e família - Novas estruturas.* Porto Alegre: Artes Médicas, 2009.

Sholem, G. *A Cabala e a mística judaica.* Lisboa: Publicações Dom Quixote, 1990.

Showalter, E. *Histórias histéricas.* Rio de Janeiro: Rocco, 2004.

Silva, Alcino Lázaro da. (coord.). *Temas de ética médica.* Belo Horizonte: Cultura Médica, 1982.

SILVA FILHO, Antonio Carlos Pacheco. *Cinema, literatura e psicanálise*. São Paulo: EPU, 1988.

SILVA FILHO, Luis Altenfelder. *Doença mental, um tratamento possível*. São Paulo: Ágora, 2011.

SILVEIRA, Nise da. *Imagens do inconsciente*. Rio de Janeiro: Alhambra, 1981.

SIMANKE, R. T. *Metapsicologia lacaniana: os anos de formação*. São Paulo: Discurso Editorial; Curitiba: Editora UFPR, 2002.

SOLER, C. *A maldição sobre o sexo e outros temas*. Bahia: Escola Brasileira de Psicanálise, 1997. Coletânea de textos em forma de apostila.

______. *O inconsciente a céu aberto da psicose*. Rio de Janeiro: Jorge Zahar, 2007.

SOUZA, A. *Os discursos na psicanálise*. Rio de Janeiro: Companhia de Freud, 2003.

STOLLER, R. *Masculinidade e feminilidade – Apresentações do gênero*. Porto Alegre: Artes Médicas, 1993.

STORR, A. *Desvios sexuais*. Rio de Janeiro: Zahar, 1976.

SZASZ, Thomas S. *A ética da psicanálise*. Rio de Janeiro: Zahar, 1975.

THIS, Bernard *O pai: ato de nascimento*. Porto Alegre: Artes Médicas, 1987.

TREVISAN, João Silvério. *Devassos no paraíso – A homossexualidade no Brasil, da colônia à atualidade*. São Paulo: Record, 2000.

TUSTIN, F. *Barreiras autistas em pacientes neuróticos*. Porto Alegre: Artes Médicas, 1990.

VASCONCELLOS, M. C. M. (org.). *Quando a psicoterapia trava*. São Paulo: Ágora, 2007.

WAHL, J. *As filosofias da existência*. Lisboa: Europa-América, 1962.

WALTZLAWICK, P. *et al. Pragmática da comunicação humana*. São Paulo: Cultrix, 1973.

WEIL, Pierre. *Mística do sexo*. Belo Horizonte: Itatiaia, 1976.

______. *A nova ética*. Rio de Janeiro: Rosa dos Tempos, 1993.

WINTER, J. P. *Os errantes da carne: estudos sobre histeria masculina*. Rio de Janeiro: Companhia de Freud, 2001.

ZIZEK, Slavoj. "A paixão pelo Real". *Folha de S.Paulo*, 30 nov. 2003, caderno Mais! Entrevista concedida ao filósofo Vladimir Safatle.

www.gruposummus.com.br

IMPRESSO NA
sumago gráfica editorial ltda
rua itauna, 789 vila maria
02111-031 são paulo sp
tel e fax 11 2955 5636
sumago@sumago.com.br
GRÁFICA
sumago